¿Me quedo o me voy?

TERE DÍAZ SENDRA
MANUEL TURRENT RIQUELME

¿Me quedo o me voy?

Reflexiones para decidir continuar o terminar una relación de pareja

Grijalbo

Papel certificado por el Forest Stewardship Council®

MIXTO
Papel | Apoyando la
silvicultura responsable
FSC® C117695

Penguin
Random House
Grupo Editorial

Primera edición: julio de 2025

© 2015, Tere Díaz Sendra y Manuel Turrent Riquelme
© 2021, Penguin Random House Grupo Editorial, S. A. de C. V.
Blvd. Miguel de Cervantes Saavedra núm. 301, 1er piso, colonia Granada,
alcaldía Miguel Hidalgo, C. P. 11520, Ciudad de México
© 2025, Penguin Random House Grupo Editorial, S. A. U.,
Travessera de Gràcia, 47-49. 08021 Barcelona

Printed in Spain – Impreso en España

ISBN: 978-84-253-7110-3
Depósito legal: B-8.734-2025

Impreso en Liberdúplex
Sant Llorenç d'Hortons (Barcelona)

GR 71103

Ir y quedarse, y con quedar partirse,
partir sin alma, y ir con alma ajena,
oír la dulce voz de una sirena
y no poder del árbol desasirse;

arder como la vela y consumirse,
haciendo torres sobre tierna arena;
caer de un cielo, y ser demonio en pena,
y de serlo jamás arrepentirse;

hablar entre las mudas soledades,
pedir prestada sobre fe paciencia,
y lo que es temporal llamar eterno;

creer sospechas y negar verdades,
es lo que llaman en el mundo ausencia,
fuego en el alma, y en la vida infierno.

LOPE DE VEGA

INTRODUCCIÓN

Para poder comenzar...

A menudo, y muchas veces como cliché, decimos que la realidad es mejor que un falso sueño. Aun si estás de acuerdo con esta afirmación pensarás sin duda que «despertar duele». Mirar de frente lo que estamos viviendo y tener que dar una respuesta a esa realidad no es cosa fácil, particularmente cuando se trata de una relación amorosa en la que se ha invertido tanta vida, tanto tiempo, tantas expectativas y todo el corazón.

Si tienes este libro en tus manos es porque seguramente estás viviendo situaciones de duda y de indecisión en relación con tu vida de pareja. Lo primero que queremos decirte es que no estás solo en este predicamento; aproximadamente el 20 % de los habitantes de nuestro planeta también está cruzando el incierto sendero de decidir si terminar o continuar con una relación.

De hecho, nosotros mismos hemos recorrido ese camino de manera personal, por lo que conocemos bien sus vericuetos, sus dolores, sus angustias y los grandes aciertos a los que puede llevarte. Si bien el trayecto que implica una determinación así no es un camino fácil, es posible transitarlo con el mayor cuidado posible, con suficiente grado de consciencia y con grandes probabilidades de llegar a una buena resolución. Más allá de nuestra experiencia personal y de nuestra formación académica, trabajar durante años con parejas nos ha permitido acompañar a muchas de ellas en esta compleja decisión entre romper o permanecer juntos y luchar por lo que quieren.

Si bien parece claro que las relaciones dolorosas y abusivas merecen ser terminadas, no siempre se tiene la certeza de que eso es lo que se está viviendo en el intercambio de pareja, y menos aún del impacto que tiene la relación violenta en el bienestar personal y en la vida de todos los implicados. Si esto, que parece obvio, puede llevar años de asimilación, ¿qué decir de las relaciones «pobres» o «planas» que sin ser violentas o abusivas generan una brecha de afinidades que llevan a la pareja a caer en el tedio, en la desolación y en la falta de conexión?

Muchas relaciones no atraviesan crisis abruptas ni situaciones límite que requieran un cuestionamiento abierto y puntual. Es más frecuente, por el contrario, experimentar que la vida en común se ha convertido sigilosamente en dos vidas paralelas, y que, si bien hay momentos buenos, y los hubo en el pasado, al por mayor, en el día a día, y sin necesidad de grandes pleitos o de catástrofes emocionales, la distancia entre uno y otro aumenta paso a paso dejando un vacío interno y relacional.

¿Cuándo es momento de luchar? ¿Cuándo es tiempo de reconocer el desgaste y claudicar? ¿Cómo hacer caso a los anhelos profundos y a los valores e intereses personales sin actuar con rigidez o, por el contrario, con liviandad? ¿Por qué o para qué hacer un movimiento que tendría implicaciones para uno mismo y para tantos que también se podrían sentir afectados?

No importa qué tipo de relación tengamos: de corta o larga duración, con o sin hijos, seamos homosexuales o heterosexuales, ricos o pobres, jóvenes o viejos, cuestionar la continuidad de la vida en pareja siempre es difícil para quienes se encuentran en ese lugar.

«No soy de aquí ni soy de allá…»

Sin embargo, permanecer en el limbo, dudando, «yendo y viniendo» en tu mente, sin avanzar en dirección alguna o sin posicionarte en algún lugar, genera en ti un estado de desorientación y desgaste. Si has invertido mucha energía en un estado de perenne indecisión, seguramente experimentarás algunos de estos efectos en tu vida:

- Una dificultad para tener proyectos a largo plazo, tanto en tu relación de pareja como en otras áreas de tu vida, pues al no estar convencido de que en tu pareja está tu deseo y tu intención, la vacilación y el malestar te impiden visualizar el futuro.
- Una tendencia a negar lo bueno de tu pasado amoroso con esa persona y a minimizar lo que has crecido y disfrutado con ella.
- El «ir y venir interno» también puede impedir que te concentres en el ahora de tus acciones, pues de manera recurrente surgen la incomodidad y la duda que te impulsan a cuestionar y a reflexionar, distrayéndote de lo que estás llevando a cabo o viviendo en el momento presente.
- Mucha energía desperdiciada en sostener mecanismos defensivos —de evasión y de negación, entre otros— para acallar las preguntas internas que plantea el dilema en el que te encuentras.

- Probablemente te has convertido más en el observador de tu pareja que en un auténtico compañero: señalando para ti o para la otra persona lo que no te gusta, lo que te molesta, lo que cambiarías, dejando de lado lo que sí tenéis en común y lo que compartís.
- Esto, al tiempo que genera una distancia en la relación y una desconexión clara con el otro, aumenta la brecha de afectos y afinidades entre vosotros.
- Tal vez experimentas la fantasía —o el hecho real— de estar con alguien más que se ajuste a lo que necesitas y que se adecue a quien eres hoy. Esta vivencia puede asustarte, al tiempo que te distrae y te motiva con la esperanza de tener más adelante una vida mejor.
- Y no podemos dejar de mencionar la posibilidad de que presentes ya algunos síntomas físicos como cansancio, insomnio, somatizaciones, o bien malestares emocionales como depresión, ansiedad, agresividad, culpa o miedo, que merman tu desempeño general y tu bienestar integral.

¿Podemos hacerlo juntos? Lo que me cansa y me preocupa, ¿mejorará o empeorará con el tiempo? ¿Qué pasará si mejoran las circunstancias? ¿Y si empeora la situación? ¿Puedo restablecer las cosas yo solo o necesito ayuda de alguien en particular? Si dejo la relación ¿mi futuro será mejor o peor de lo que estoy viviendo? Si continúo con esta pareja ¿podré lograr un mayor grado de bienestar y satisfacción?

La coyuntura que se te presenta es una etapa que requiere de tu concentración y cuestionamiento para atravesarla oportunamente y llegar a buen puerto. Sea lo que sea que decidas, puedes salir de ese *impasse* cuidando de ti y de los que te rodean; sea cual sea tu puerto de llegada, será un espacio seguro y un mejor territorio para vivir. Hoy no puedes tener la respuesta concreta, ¡suéltala!; de hecho, te será de más ayuda tolerar el malestar que te genera la incertidumbre que experimentas e introducirte en el proceso de decisión que estás a punto de iniciar. No olvides que mereces una vida de paz y crecimiento y que eres acreedor de un grado suficiente de satisfacción y felicidad; disponerte de manera adecuada a cuestionar lo que estás viviendo te liberará del estrés de la indecisión y te mostrará los caminos que transitar.

¿Me quedo o me voy? es un libro que te aproximará a la respuesta que estás buscando, siempre y cuando estés realmente interesado en obtener claridad y asumir responsabilidades; no existen respuestas mágicas y menos aún soluciones que provengan del exterior. Hay quienes dicen querer una solución a la situación que viven, pero en el fondo se sienten cómodos «quedándose suspendidos en el aire» para no tener que enfrentar su realidad.

En cualquier caso, decidir qué es lo mejor para ti te hará vivir infinitamente más feliz y tranquilo de lo que estás ahora. Por más complejo y «empedrado» que sea el camino que emprendas para lograrlo, será mejor que la ambivalencia e insatisfacción que hoy experimentas. El resultado de una buena decisión te permitirá crear una realidad más acorde a quien eres en la actualidad. ¡Experimentar la permanente duda de continuar o terminar, buscando a diario los signos que te den la respuesta, es desgastante y frustrante!

La propuesta que tenemos para ti en este libro se basa en:

1) La experiencia de mucha gente a la que hemos acompañado hasta decidir si terminan o continúan una relación.
2) Nuestra propia experiencia vital.

3) El estudio profesional que tenemos de las relaciones humanas, el amor, el desamor y la pareja.

4) Pero, sobre todo, el reconocimiento de tu propia sensación interna, más allá «de lo que debe o no debe ser». Hay claves y puntos que te permitirán reconocer la respuesta en tu interior. No haremos magia ni lanzaremos premisas que no tengan nada que ver con lo que tú has sentido, vivido y visto de tu pareja y tu relación; por el contrario, intentaremos que reconozcas y tomes en serio tu propia experiencia.

Si bien no hay recetas de cocina para tomar una decisión así, sí existe un proceso de reflexión que te ayudará a tener más elementos para clarificar lo que es bueno y constructivo para ti y para los que te rodean.

Terminar no es fácil, pero tampoco es el fin del mundo...

Algo que aumenta la complejidad de una decisión como la que estás tomando es la idea de que los que se divorcian son débiles o fracasados, que la vida en pareja es mejor que la soltería, que es mejor durar que claudicar. Sin duda la sociedad privilegia la vida en pareja y de alguna manera aún estigmatiza los divorcios, las separaciones y la vida en soltería; se escucha entre dientes o explícitamente «que los solteros son egoístas porque no se sacrifican más», «que no podrán rehacer su vida», «que lastimarán a sus hijos», «que su economía empeorará», «que difícilmente lograrán ser aceptados por su entorno...».

Nosotros honramos la vida en pareja; consideramos que un buen amor trae infinitas posibilidades a los individuos y a las familias; creemos también que acompañarse de alguien amorosamente es una fuente de dicha, crecimiento y satisfacción; pero también estamos convencidos de que hay que permanecer en las relaciones de pareja por buenas razones y no por lindos sueños y buenas intenciones.

La sociedad se ha vuelto paulatinamente más abierta ante la posibilidad de una ruptura amorosa y la construcción de nuevos modelos de vida personal, de pareja y familiar, pero aún pesa el tabú del divorcio, la separación y la soltería. De cualquier modo, hoy más que nunca resulta improbable tener pareja por las razones sociales y económicas de antaño, que con los dictámenes que hacían imperativa la reproducción, la producción y la supervivencia promovían «aguantar» y preservar la relación a cualquier precio.

Muchas relaciones de mala calidad perduran por razones equivocadas y por miedos infundados. Por más que la pareja desee lo mejor para su familia y sus hijos, existen situaciones en las cuales se sufre más en el interior de la relación de lo que se disfruta, y se desarrolla menos el propio potencial de lo que se desea.

El entorno a veces ve una máscara «positiva» de la relación, y la festeja, pero lo realmente importante es la calidad de vida de la pareja tras esa máscara. ¿Es válido permanecer por miedo a hacer daño a otros? ¿Es adecuado perdurar para probar nuestra bondad y nuestro compromiso? ¿Tiene sentido sacrificarse para evitar costes económicos? ¿Es oportuno quedarse por los hijos? ¿Por los padres? ¿Por Dios? En ocasiones el ejemplo que queremos dar de «pareja fuerte que dura toda la vida» resulta ser, en lo recóndito de la vida familiar, un ejemplo de sufrimiento y temor.

Por otra parte, también hay relaciones que aún podrían ser actualizadas y remozadas y que se dejan morir sin invertir en ellas el suficiente trabajo como para conseguir una «recuperación». ¿Por qué «tirar la toalla» antes de tiempo? Pareciera que en un mundo que privilegia las soluciones rápidas, sin ser necesariamente las mejores, que desprecia la tolerancia a la frustración y que dificulta posponer la gratificación inmediata con el lema de «usar y tirar», se hace difícil la posibilidad de trabajar en las entrañas de la vida amorosa y en las dinámicas inoperantes de la relación.

Probar nuevos esquemas, establecer acuerdos actualizados y crear estrategias que reinventen la relación y renueven la convivencia, son posibilidades que han de agotarse antes de decidir terminar. Muchas parejas salen airosas de momentos áridos y desafortunados. Si permanentemente nos actualizamos en temas de tecnología, de desarrollo profesional, de moda, de gustos e intereses, ¿cómo es que pensamos que la relación de pareja quedará inmune a los vertiginosos cambios sociales y que sin mayor esfuerzo el corazón se adaptará a toda transición?

Vivir en pareja en la actualidad enfrenta retos relativamente nuevos para el ser humano: no basta, como en otros tiempos, con ser buen padre o buena madre, buen proveedor o impecable ama de casa. Los avances científicos y tecnológicos que abren infinidad de puertas y experiencias —que además aumentan la posibilidad de vivir muchos más años y con mejor calidad—, y los movimientos sociales como la revolución sexual, el feminismo consecuente con su lenta pero constante debilitación del patriarcado, han puesto la vida de pareja en un torbellino de transformación que difícilmente alcanzamos a visualizar, a digerir y a afrontar. A veces pensamos que nuestra insatisfacción amorosa se debe a un error de elección o a una falla personal, sin considerar el sinfín de factores que han entrado en juego para evaluar hoy la calidad de nuestras relaciones sociales en general y de nuestra vida de pareja en particular.

Así, el mundo recién transformado ha hecho entrar en crisis muchas instituciones, entre ellas la institución matrimonial y los convencionales roles y acuerdos amorosos. Las expectativas de los miembros de una pareja se han transformado. El divorcio como herramienta aceptada y accesible para dar fin a las relaciones matrimoniales abre la posibilidad de la construcción y reconstrucción de relaciones amorosas diversas y promueve la creación de nuevos y creativos estilos de vida familiar.

Una ruptura o un divorcio no es igual a un fracaso —un divorcio oportuno y bien manejado puede ser saludable y constructivo—, así como durar cincuenta años de matrimonio no necesariamente significa triunfar. Cada persona tiene una definición diferente para una relación feliz a partir de muchos factores. Sin embargo, aún hay mitos que desafiar en relación con las rupturas amorosas: nuestra actitud positiva, de entendimiento y apertura hacia ellas se mueve con mayor lentitud.

Mediante la lectura de este libro te ayudaremos a evaluar el nivel de felicidad y satisfacción que hay en tu relación, así como a descubrir qué puedes hacer para mejorar tu situación actual. Cuando una relación llega a un punto de desgaste, en el cual se siente que lo negativo supera lo positivo, toca detenerse, evaluar y definir.

El material que tienes en tus manos te preparará para tomar la decisión de quedarte o de dejar la relación en la que te encuentras, no por temores, tampoco por comodidad y menos aún por presiones sociales. El análisis de tu situación actual, la escucha de tu experiencia interna y la definición de lo que esperas de tu vida te permitirán decidir desde tu propia convicción. Recuerda que tú eres el único que puede evaluar honestamente si estás o no en la relación oportuna y constructiva que mereces.

Seguramente ya tienes un camino recorrido y es probable que hayas hecho infinidad de intentos por mejorar tu relación: el amor en la vida es tan importante que pocos se rinden sin luchar. Nosotros te apoyaremos guiándote a dar pasos que te facilitarán el proceso de decisión, de manera que al terminar la lectura de este libro te inclines en favor de alguna de estas opciones:

- Luchar si aún queda algo por hacer. Si decides quedarte, sabrás que ese es tu deseo y tu lugar, y te dispondrás a conservar, a cuidar y a trabajar en tu pareja, volviendo a comprometerte sin reservas, volcando tu amor y tu energía en la relación, haciendo crecer todo lo bueno de ella. El cómo será flexible, pues sin duda el esquema que hoy vives ya no funciona, pero el compromiso será incondicional.

- O irte si la situación está irreversiblemente desgastada o pone en riesgo tu integridad. Si decides marcharte te sentirás convencido de que tu relación de pareja se ha agotado, de que no da para más, ya sea porque ha cumplido su ciclo o su misión, porque por sus características no es sana para ti, o porque simplemente no tiene futuro. Sostener una relación pobre o destructiva difícilmente te dará paz y no te abrirá nuevas puertas de satisfacción y crecimiento. Si decides romper, te irás libre de cierta confusión, pero listo para vivir el duelo correspondiente y continuar una nueva y mejor vida. Cuando se termina una relación que merece finalizar, se libera a dos personas para que se dirijan hacia un lugar mejor.

A lo largo de este escrito encontrarás los pasos que te llevarán a un proceso de definición. Si bien cada capítulo te puede dar información relevante y suficiente en cuanto al tema que en él se plantea, te sugerimos leerlos en orden para que atravieses cabalmente el proceso: ordenes tu pensar, tu sentir, clarifiques tu ambivalencia y te orientes hacia una resolución.

En el primer capítulo explicaremos con mayor detenimiento la experiencia de ambivalencia y distancia que gesta la indecisión que experimentas. Del mismo modo describiremos cómo se exacerba la dinámica de la duda y se empieza a rumiar la posibilidad de una separación. Reconocer que lo que vives en silencio no solo te ocurre a ti, sino que es característico de quien requiere terminar o transformar su relación, te abrirá la posibilidad de sentirte comprendido y de emprender con motivación el trayecto que vas a iniciar.

En el segundo capítulo abordaremos los porqués y las características de tu relación actual. Entender por qué elegiste a tu compañero amoroso y por qué has sostenido una relación con él te permitirá clarificar el significado de estos años juntos, así como honrar lo que se ha vivido y cuestionar lo que ya no sirve en la actualidad. Del mismo modo, te aportará mayor comprensión del vínculo que has creado y te permitirá romper viejos patrones de conducta inoperantes y reconsiderar los puntos clave que facilitan o dificultan un acercamiento conyugal.

Reconocer tus necesidades será el propósito del tercer capítulo. Descubrir lo que requieres y valoras te permitirá vislumbrar la vida que deseas y el vínculo amoroso que lo puede facilitar. Recuerda que no solo se trata de abrir la posibilidad de romper la relación que actualmente mantienes, sino de trabajar en ella y reconstruirla si existe la disposición de ambos y las herramientas para avanzar. Valorar si pides o esperas de más o de menos te permitirá ajustar tus demandas a expectativas realistas, pero, al mismo tiempo, indispensables para tu bienestar. Descubrirás que no puedes exigir a tu pareja la satisfacción de todas tus necesidades, pero también reconocerás que hay un mínimo indispensable de requisitos para que una relación pueda funcionar.

El cuarto capítulo es una evaluación inicial de tu situación de pareja que parte de la adecuada satisfacción o insatisfacción de tus necesidades. Distinguirás en primera instancia la diferencia entre los problemas que tienen solución y los que son irresolubles, lo cual te permitirá reconocer de manera realista los elementos necesarios para manejarlos mejor. Del mismo modo detectarás qué situaciones presentes en tu vida de pareja puedes trabajar y cuáles te desbordan generando frustración, impotencia y dolor. Esta primera valoración de las condiciones y circunstancias de tu relación de pareja te mostrará los «ingredientes» necesarios para que una relación amorosa se pueda sostener, se deba transformar —si existen los requisitos necesarios—, o bien se tenga que terminar.

En el quinto capítulo te invitaremos a profundizar de manera puntual en algunas situaciones de riesgo que suelen darse en los intercambios de pareja, y que por la magnitud de su impacto en la integridad física y emocional de quienes conviven con ellas merece la pena detectarlas, distinguirlas y cuestionarlas de manera particular. La infidelidad, la violencia, las adicciones, los trastornos de personalidad y los problemas financieros serán el foco de este quinto capítulo, de manera que puedas reflexionar sobre ellos sin minimizar, normalizar o incluso ignorar el impacto que tienen en tu vida —en caso de que esté presente alguno o varios de ellos— y en tu relación.

En el sexto capítulo te acompañaremos a reconocer, reafirmar y hacer valer tu verdad interna por encima de los convencionalismos sociales y las demandas de los demás. A través de dos sencillos ejercicios recorrerás un sinfín de situaciones, sensaciones y reflexiones en torno a tu relación de pareja y —más allá de lo que «desearas» que ocurriera que no está sucediendo— corroborarás tu profundo deseo de continuar o terminar. Teniendo claro tu grado de insatisfacción y tu necesidad de cambio, definirás una postura en cuanto a tu futuro próximo que perfilará tu camino a seguir.

El séptimo capítulo te permitirá explorar las alternativas de quedarte, separarte o bien divorciarte, según lo que hayas elegido previamente. Tomarás conciencia de que el miedo o la huida no son buenos consejeros y de que la decisión tendrá que partir de tu genuino deseo de crecimiento y de un auténtico cuidado personal. Comprender lo que implica tu elección te facilitará emprender el camino que te llevará a la acción inteligente y planeada.

El trayecto que has iniciado es de un inmenso bamboleo emocional; por eso, en el octavo capítulo exploraremos tu mundo afectivo: el lenguaje de tus sentimientos, así como el manejo de la tormenta emocional que se vive en un proceso como este. Sea lo que sea que decidas, quedarte o partir, tendrás que atravesar el duelo por lo que ya no es. Cuando una relación ha llegado al punto en el que estás hoy, se transforma y se renueva o se deja ir; en ambos casos tendrás que soltar el pasado y las expectativas a las que hasta hoy te habías aferrado y que ya no funcionan. Gestionar oportunamente lo emocional es un factor importante para que, tras atravesar este proceso, llegues a un «puerto seguro».

En el noveno capítulo, el último de este recorrido, te haremos algunas sugerencias para conservar tu energía y salir despejado y fortalecido del trayecto. Del mismo modo, te ayudaremos a comprender que los verdaderos cambios son un proceso y no un evento, de ahí la importancia de sostener en el tiempo acciones concretas que te permitan llegar a tu meta y mantener tu elección final.

Estamos a punto de iniciar un desafiante recorrido contigo. Te acompañaremos en el proceso que estás iniciando mediante la lectura de este libro. Te pedimos que a lo largo del

trayecto recuerdes esta frase que queremos compartir contigo: «No se puede dejar una relación por cualquier cosa, pero
tampoco puede sostenerse a pesar de todo». Con este mensaje
anclado en tu cabeza y en tu corazón, tenemos la certeza de
que alcanzarás tu verdad interna, y junto con ella, la paz…

1. COMENZANDO EL RECORRIDO MENTAL

Una vida sin examinar no merece ser vivida.
SÓCRATES

El simple hecho de cuestionarte si debes quedarte en tu relación de pareja o si lo mejor sería salirte de ella, hace que te sientas en una encrucijada. En cierto modo es así… ¿por qué? Porque has llegado a un punto de cuestionamiento y malestar que no tiene marcha atrás. Situarte en este lugar es bueno porque te impulsa a reflexionar y decidir, lo cual no significa que sea sencillo.

Quizá llevas tiempo dando bandazos y pensando en si habrá alguna alternativa: «¿me voy?», «¿me quedo?», desgastándote, pero sin encontrar ninguna solución. ¡Basta de indefinición y zozobra!, hoy toca ir hacia delante: reflexionar, definirte y actuar. Regresar a los intentos de solución que hasta hoy has elegido —por desconocimiento, por temor o por comodidad— no alumbrará salida alguna, menos aún garantías de éxito, y, sin duda, ninguna satisfacción. No es posible descubrir alternativas diferentes haciendo una y otra vez lo mismo.

Haberte interesado en este libro nos confirma que ha llegado el momento de que aceptes que te encuentras en un dilema, que seguir en la indefinición ha aumentado tu desgaste y tu molestia, y que por tanto tienes que moverte en alguna dirección.

Consideramos que para emprender este recorrido es importante que tengas claros los siguientes aspectos:

- Estás a punto de tomar una de las decisiones más importantes de tu vida, equiparable a la elección de estudiar una carrera, implicarte en un trabajo, elegir una pareja, incluso tener hijos.
- Te sitúas ante una elección compleja que genera ambivalencia y ansiedad, dado que involucra infinidad de aspectos personales, familiares, sociales, religiosos y otros que entran en juego.
- Por todo lo anterior, no te desesperes ni te precipites si experimentas momentos de zozobra y contradicción: es parte del camino de clarificación.
- A mayor reflexión y serenidad por tu parte, en mejores condiciones estarás para definirte. A la larga te sentirás más satisfecho con la decisión que hayas tomado.
- Cualquiera que sea tu elección final tendrá consecuencias en tu futuro, en el de tu pareja y en el de tus hijos, si es que los tienes, por lo cual es importante visualizar los efectos del camino que elijas, no para que te retractes, sino para que te anticipes a ellos y puedas manejarlos mejor.
- Busca rodearte de profesionales —terapeutas, mediadores, abogados— que estén a favor de la paz y no de la violencia; con beligerancia rara vez se llega a una buena solución.
- Frecuenta amigos y familiares que ya hayan transitado exitosamente por este proceso; sea cual fuere el desenlace, observa si ha habido resultados constructivos tras su decisión.

Dicho esto, comencemos juntos el recorrido…

¿Por qué nos emparejamos?

> Una relación de pareja larga es como una alfombra oriental, con unos intrincados dibujos tejidos año tras año de compartir felicidad y dolor, experiencias e ideas. Bajo el caleidoscópico diseño están la trama y la urdimbre, la fuerte retícula de sus objetivos e intereses comunes, de sus recuerdos y secretos compartidos. Y entretejidos en este tapiz están los hilos del humor, de la paciencia, del compromiso y de la determinación más tenaz.
>
> W. A. Auden

Solo el 3 % de los mamíferos se empareja para criar a sus cachorros, y los humanos nos encontramos entre ellos. En general, a los seres humanos nos gusta vivir en pareja y esta es una de las principales razones por las que tenemos serias dudas de separarnos una vez que hemos construido e invertido buena parte de nuestro tiempo y energía en una relación.

Al deseo interno de permanecer unidos a nuestra pareja se suma el hecho de que una ruptura amorosa es de alguna manera ir a contracorriente: los mandatos sociales, religiosos, familiares, suelen tratarlo como un fracaso. Por lo general, la sociedad nos recluta para vivir en pareja. Las diferentes religiones promueven —y en algunos casos obligan a— conservar la pareja casi a cualquier precio. A nivel biológico, los neurotransmisores de nuestro cerebro nos impulsan a ello. La historia, por su parte, nos recuerda en todo momento que la pareja humana es la base de la familia y de la sociedad.

A pesar de todos estos influjos externos que impelen a la conservación de la vida conyugal, nunca como en la actualidad ha sido tan complejo construir y sostener relaciones amorosas satisfactorias.

Pero ¿cómo comenzó esta historia de vivir en pareja? La antropología nos cuenta que hace cuatro millones de años, en África ecuatorial, nuestros antepasados bajaron de los árboles y comenzaron a caminar erectos, lo cual fue una revolución para la evolución de nuestra especie. La pelvis de nuestros primeros ancestros tuvo que estrecharse para evitar la caída de las vísceras debido a la fuerza gravitacional; esto hizo que en las hembras se angostara el canal del parto obligando a los críos a nacer más pequeños y por tanto más inmaduros. Los pequeños humanos empezaron a requerir de mayores cuidados maternos durante periodos más prolongados de tiempo que el resto de los animales. Sumado a lo anterior, las hembras —en su nueva posición vertical— no cargaban ya a los críos a sus espaldas como otros mamíferos, sino que los llevaban entre sus brazos, lo cual limitó el uso de sus extremidades superiores tanto para su defensa personal como para la recolección de víveres.

Todos estos cambios evolutivos ocasionaron que las hembras necesitaran de los machos para que ellas y sus descendientes sobrevivieran. Para ellos también fue beneficiosa esta transición, ya que en vez de mantener a todo un harén de hembras, se emparejaban con una de ellas y la acompañaban y cuidaban a lo largo del periodo de gestación y crianza.

Agreguemos a esta entretenida descripción que la postura erecta que adoptaron los primeros homínidos favoreció la cópula frente a frente: en las hembras desapareció el periodo de celo —no restringiéndose el intercambio sexual a determinadas épocas de su ciclo menstrual— y se gestó la capacidad femenina de experimentar orgasmos. Estas prácticas cotidianas hicieron que los implicados en el intercambio se reconocieran, se gustaran el uno al otro y generaran vínculos particulares. Así fue como en tiempos remotos se gestó lo que hoy entendemos como vivir en pareja.

Gracias a este fenómeno, en el cerebro humano se crearon las estructuras biológicas que sostienen la creación de vínculos afectivos. Esto fue reforzado por los largos periodos requeridos para la crianza de la prole, funciones que, al extenderse en el tiempo, reforzaron la importancia del intercambio social entre los seres humanos.

No podemos omitir en esta etiología el influjo del efecto endocrino de nuestros comportamientos sexuales. Siempre se ha dicho que el sexo, el buen sexo, genera vínculos. Y es que la eyaculación masculina y los orgasmos femeninos incrementan los niveles de vasopresina en los machos y de oxitocina en las hembras. Estos neurotransmisores forman parte de nuestras estructuras cerebrales, los mismos que potencian el cariño que los humanos prodigamos hacia nuestros lazos afectivos; a ellos debemos parte de nuestro deseo y de nuestra capacidad de formar vínculos de pareja.

Entre la ambivalencia y el distanciamiento

¿Cómo se pasa de la vinculación amorosa a la duda de si continuar o terminar con una relación? Sin duda, la aparición de crisis inesperadas puede crear un malestar que cuestione la relación, pero es más común observar cómo los desacuerdos cotidianos, no comunicados y mal gestionados, la van deteriorando paulatinamente.

La socióloga Diane Vaughan describe los pasos que se atraviesan cuando se emprende la retirada: tras fallidos intentos de solución, uno de los miembros empieza a sentirse molesto y desesperanzado y no se lo dice al otro por temor; prefiere minimizarlo. Generalmente se dice a sí mismo que lo que ocurre no es tan importante, y con el paso del tiempo empieza a cuestionar el compromiso hacia la relación sin externalizar su preocupación. Con este paso, la comunicación e intimidad de la pareja se ven interrumpidas: sin la comunicación adecuada, el otro cónyuge no sabe de la insatisfacción de su pareja, y el que duda muestra su malestar de manera sutil sin exteriorizar claramente el problema ni plantear de manera conjunta alguna solución.

Debido a la frustración por la escasa respuesta del compañero, el miembro insatisfecho busca alternativas fuera de la relación. Si bien esta estrategia atenúa la frustración en el interior de la relación, hace más grande la distancia con la pareja.

El espectador puede atribuir los cambios del otro a muchas razones, aunque carece de elementos claros y suficientes del que duda; si se le añade una estrategia defensiva de negación y evasión, no puede reconocer que es la relación misma la causa del problema. Al ser notorio el desasosiego, llega el momento en que el iniciador abre con la otra parte la posibilidad de terminar la relación. El planteamiento que hace enfatiza que hay poco o nada que hacer.

Esta primera crisis de desencuentro toma por sorpresa al cónyuge espectador, que no considera que la situación sea tan crítica. El iniciador argumenta que en diversas ocasiones ha intentado hacerle notar el malestar e incluso ha propuesto alternativas de solución, sin ser tenido en cuenta. El espectador, ante las diferencias, sugiere que pidan ayuda, mientras el iniciador, tras haberse atrevido a mostrar su malestar y tras varios meses de planear en silencio la retirada, busca ya una salida.

Aquí empiezan las confrontaciones directas: mientras el espectador intenta cambiar de actitud y mejorar la situación, el iniciador está en un punto de no retorno. La ruptura o continuidad del compromiso depende prácticamente del iniciador. El cónyuge espectador empieza a distinguir las causas que llevaron a esta crisis. En ocasiones esto basta para aceptar que el vínculo está roto y dejar atrás la relación; en otros casos la pareja se reactiva y llega a buscar una reconciliación para la que requiere trabajar en una reformulación que les permita crear algo diferente.

Los viejos patrones y estilos de vida son insuficientes. A veces con trabajo y acompañamiento se logra este cambio, pero no es fácil llevarlo a cabo dado el deterioro de la comunicación y, en muchas ocasiones, debido a la existencia de una relación paralela que ha facilitado la desvinculación.

¿Te identificas con este recorrido? Sea cual sea el punto en el que te encuentres, una constante de todo este proceso es la ambivalencia y el distanciamiento.

Conocemos como ambivalencia ese estado anímico, tanto ocasional como permanente, en el que coexisten dos emociones o sentimientos opuestos. Tener ambivalencia en relación con algo consiste en albergar pensamientos y emociones tanto positivos como negativos hacia alguna persona o suceso.

Quizá experimentar este estado sea habitual en las relaciones humanas: a veces queremos a alguien, a veces simplemente ¡lo queremos regalar! La oscilación entre toda clase de sentimientos agradables y desagradables en relación con los demás es parte de la naturaleza humana, pero generalmente podemos asumir esta experiencia como parte de la diversidad emocional que se da en los intercambios sociales y amorosos.

Es distinto cuando la ambivalencia que se experimenta entra en el territorio de la duda: ¿quiero permanecer con mi pareja o prefiero dejar mi relación amorosa? Una pregunta así planteada va más allá de la normal oscilación entre lo que nos gusta y nos desagrada de nuestra pareja, ya que introduce la posibilidad de dejar la relación.

Hacemos hincapié en que siempre se experimenta cierta confusión en la vida en pareja, más aún en un mundo que pone ante nuestros ojos tantas posibilidades de vida amorosa y diversas alternativas de relación; por eso, y por la naturaleza misma del amor, insistimos en que la vida conyugal tiende a ser contradictoria y compleja. A esto agregamos que en un mundo individualista —donde adolecemos de entrenamiento para tolerar la frustración y posponer la gratificación—, la aceptación de las diferencias entre seres humanos se complica y las negociaciones para alcanzar mejores acuerdos se dificultan.

En las relaciones de pareja, en particular, el tiempo tiende a acentuar lo negativo de la convivencia y a invisibilizar lo que hay de positivo en ellas, por lo cual es común que en el seno de lo amoroso se deje sentir con cierta frecuencia esta dinámica de intolerancia e impaciencia. ¡Es tan habitual ver en terapia a parejas jóvenes que al cabo de varios meses de convivencia ya están atrapadas en la incertidumbre de no saber si están mejor dentro del vínculo que han formado que fuera de la relación!

Infinidad de parejas, con tiempos considerables de relación, entran en la encrucijada de la ambivalencia y la indecisión. En algunos casos, ambos miembros han sido testigos pasivos del desgaste que su vida en común ha sufrido con el tiempo; otras parejas han atravesado algún evento puntal que las ha conmocionado y puesto en crisis; en otras es uno de los miembros de la pareja quien empieza a experimentar la insatisfacción poniendo distancia con el otro y rumiando en silencio la posibilidad de una separación. ¡Cuántos llevarán varios intentos de solución!, algunos de los cuales habrán sido fallidos y otros desacreditados por la propia pareja.

No sobra decir que para que se constituya una dupla se requiere de la voluntad de dos personas. Sin embargo, basta con que una de las dos quiera terminarla para dar por finalizada la unión. Asumir esto es difícil, porque pareciera que un acuerdo tomado en común requiere del consenso de los implicados para modificarlo, pero no es así. De ahí la importancia de hacer hincapié en el hecho de que si tu pareja ya te ha pedido la separación, incluso el divorcio, no significa que te retires a las primeras de cambio y sin ninguna explicación, pero sí que cuestiones su proceso interno y su posibilidad real de cambiar dicha decisión.

Si tu caso es el de que tu pareja ya ha planteado formal y categóricamente que quiere irse, no estás en una situación de ambivalencia. Tu proceso tendría que transitar el camino del duelo y de la aceptación, así como del perdón y la comprensión de lo sucedido. Tienes varias cosas que acordar y una vida por recomenzar. Ya lo dice el poeta: «el amor es eterno mientras dura», y cuando termina hay que saberlo dejar ir y continuar.

Quizá tú seas quien ha iniciado la retirada interna y dudas si irte o quedarte. ¿Será que es tiempo de continuar en silencio tu deliberación? ¿Acaso corresponde abrir el tema con tu pareja y ver si aún hay algo que trabajar? ¿Es momento de plantearle a un profesional lo que vives para que facilite tu clarificación y te acompañe en tu proceso de decisión?

Vivir en esta ambivalencia de continuar o terminar sin encontrar la salida a dicha encrucijada genera un desgaste físico, emocional y mental. Si experimentas este desgaste es posible que ya hayas intentado diversas salidas:

- Dejar de pensar en el problema durante semanas evadiendo el malestar que te causa la duda que te atormenta.
- Pedir consejos a diestra y siniestra entre amigos y familiares sin poder clarificar si tu experiencia amorosa es buena o mala.
- Resaltar únicamente lo positivo, aunque negando las deficiencias que se dan en la convivencia, o bien señalar solo

lo negativo sin tener en cuenta lo que hay de valioso en tu relación.

- Quejarte a todo el mundo de tu pareja pensando que el desahogo *per se* te llevará a alguna solución.
- Dejarte asesorar por terapeutas, sacerdotes, rabinos, chamanes… para buscar una solución, pero saltando de unos a otros sin enfocarte en un tema de reflexión y en un programa de acción.

La lista de pros y contras derivada de estos intentos de solución se puede hacer interminable, lo que aumentará tu confusión y complicará la definición de tu situación. La ambivalencia sostenida tiene como efecto un distanciamiento con tu pareja: el alejamiento afectivo hace que vivas más como un observador de tu cónyuge que como un compañero de vida. Miras con atención y cautela lo que hace y lo que dice, evaluando en cada momento su actuación para «sumar o restar» puntos a su lista de cualidades y defectos. Esto, finalmente, deriva en una brecha entre ambos que se deja sentir en asuntos concretos como menos tiempo compartido, menos conversaciones interesantes, rituales y rutinas sin sentido; en síntesis, mayor enfriamiento de la relación.

A estas alturas del camino, el balance de lo positivo y de lo negativo se torna en un tormento que, lejos de facilitar una decisión, aumenta tu confusión. Cuestionar si irte o quedarte sigue siendo lo habitual, aunque de manera más incisiva y perturbadora, lo que crea una experiencia de desesperación y enclaustramiento difícil de tolerar. ¡Hay que detener este proceso con la conciencia de que si sigues así difícilmente lograrás aclararte! Hacer un balance interminable de lo «bueno y lo malo» es una trampa sin salida que se precipita por el tobogán de la indefinición.

El tobogán de la indefinición

Una ambivalencia sostenida implica haber recorrido una y otra vez el tobogán de la indefinición. Entendemos que la decisión que estás a puto de tomar no es fácil, pero es más complicado seguir descendiendo sin frenos en busca de alguna mejor solución.

A continuación te mostraremos cómo opera el tobogán de la indefinición para ver si reconoces sus etapas:

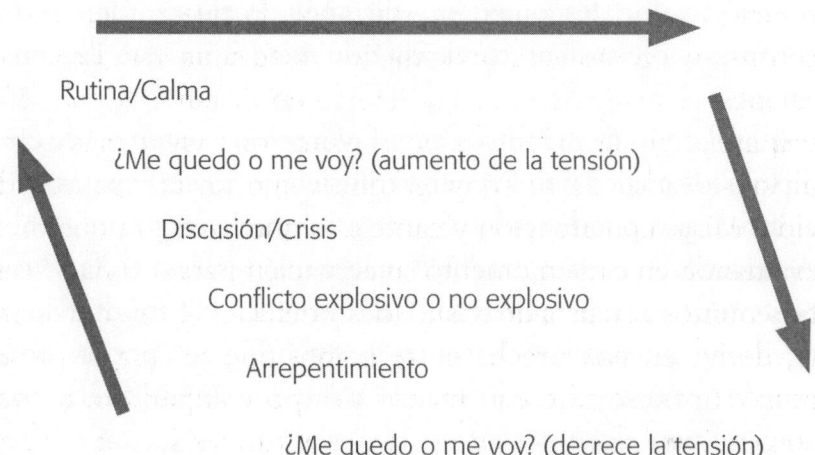

Rutina/Calma

¿Me quedo o me voy? (aumento de la tensión)

Discusión/Crisis

Conflicto explosivo o no explosivo

Arrepentimiento

¿Me quedo o me voy? (decrece la tensión)

La bajada por el tobogán de la indefinición comienza con un momento de calma o una rutina con tu pareja, y como paso siguiente se va gestando una lenta acumulación de tensión. Puede haber o no cuestionamiento sobre la permanencia en la relación; si lo hay, este puede sumarse a la tensión o acelerar el proceso de descenso hasta alcanzar una discusión o una crisis. Por lo general, después de dicha discusión, se experimenta remordimiento y miedo, seguidos por otros periodos de cuestionamiento, los cuales van disminuyendo al mismo tiempo que baja la tensión. Se regresa a cierta «calma y a la rutina», en la que se puede permanecer un corto o un largo periodo, hasta que algo vuelve a ocurrir desencadenando otro descenso. Cada descenso, tras atravesar este ciclo, va creando más frustración y más confusión.

A veces pareciera que sostenerse en la rutina es pisar «tierra firme» para evitar otra caída; sin embargo, dicho proceder, que aporta una especie de tregua a la relación, generalmente va acompañado de la falta de comunicación que convierte la convivencia en una lastimosa soledad «acompañada». Esta experiencia de desconexión y distancia es el preludio de discusiones y pleitos con tu pareja que reavivarán este descenso sin fin.

El tobogán de la indefinición favorece la existencia de conflictos, los cuales pueden ser explosivos y no explosivos, y en ambos casos puedes permanecer así durante largos intervalos de tiempo: a veces es más fácil pelear que resolver o claudicar. Sostenerte en esta dinámica hace muy difícil apuntar hacia cualquier alternativa de solución, ya que para poder tomar una decisión se requiere la energía que se está utilizando para atacar o para defenderte.

El tobogán de la indefinición de algún modo presenta un patrón de comportamiento que no es ajeno a la vida de cualquier pareja. La diferencia en casos como el tuyo estriba en: ¿con cuánta frecuencia ocurre? ¿Con qué intensidad? ¿Se llega a soluciones o solo se evitan peores «resbalones»? ¿Qué efecto deja en los miembros de la pareja este círculo vicioso? ¿La pareja habla de estos temas? ¿Los temas conflictivos son generalmente recurrentes? ¿La indiferencia y la distancia que se producen tras los descensos van en aumento?

La energía invertida en esta dinámica impide cuestionar muchas de las premisas que obstaculizan la toma de decisiones haciendo que se pierda la esperanza. Pero, recuerda, por más desgastado que te encuentres, siempre hay un camino a elegir; en este caso concreto puedes irte, quedarte o transformar tu relación a través de un modelo que quizá nunca hayas contemplado. Deja de «patinar» sobre lo mismo y plantéate preguntas de fondo: ¿qué razones me impiden permanecer en esta relación? ¿Puede cambiar? ¿Estoy exagerando? ¿Estoy enfadado? ¿Aún lo quiero? ¿Lo deseo? ¿Voy a poder vivir con sus defectos? ¿Debo hacer un último esfuerzo? ¿Todavía me gusta? ¿Está mal aconsejado o alguien le ha influido? ¿Siento que todavía me quiere?

Explora también las razones que te impiden marcharte, no para salir corriendo sino para derribar prejuicios que te pueden tener atado: ¿te da miedo la soledad? ¿Temes por tus hijos tras una separación? ¿Crees que no podrás llegar a un acuerdo económico? ¿Piensas que tu pareja se va a enfadar y reaccionará de manera muy agresiva? ¿Dudas de poder volver a tener una pareja? ¿Temes el qué dirán? ¿Tu situación —física, material, laboral— te impide separarte? ¿Lo aceptará tu familia?

Rumiando la posibilidad

En un estudio realizado en treinta y siete comunidades distintas, tanto los hombres como las mujeres situaban el amor o la atracción mutua en el primer lugar de la lista de razones para formar pareja. Hace solo una generación las parejas que dejaban de amarse seguían en la relación por costumbre, por los hijos, porque la mujer no tenía otra opción... Pero hoy, a diferencia de antaño, se elige a un compañero para toda la vida por atracción y por amor, y cuando esto se desgasta —por la razón que sea—, se empieza a rumiar la posibilidad de una separación.

Helen Fisher, antropóloga estadounidense, descubrió con las estadísticas de divorcio de la ONU que la mayoría de las parejas se divorcian en el cuarto año de relación. En su opinión, esto se debe a que la biología impulsa a la pareja a mantenerse unida mientras el hijo es pequeño y por tanto vulnerable; después del cuarto año de relación, la madre y el hijo —con base en la teoría evolutiva— no necesitan al padre. Si a esto agregamos que el fenómeno del enamoramiento dura aproximadamente tres años, no es casual que a partir del tercer o cuarto año de relación muchas parejas comiencen a rumiar su malestar y, con ello, la opción de separarse.

Existen tres etapas durante la consideración de una ruptura:

1. Precontemplación

Cuando la noción de separarse acaba de empezar a desarrollarse. Por lo general, esta etapa es muy personal: se reflexiona sobre la idea con uno mismo, y si acaso la compartes con tu mejor amigo, pero todavía no con tu pareja. Comienzas a darte cuenta de que algo está mal en la relación y reconoces que no estás contento con el tipo de vínculo que tienes. Este malestar no trata solo de que hay algo de tu pareja que no te gusta —lo cual seguramente ya habías detectado en intercambios anteriores—, sino de la sensación global de que las cosas no funcionan. Sientes que has cruzado una «línea sutil», pero no lo catalogas como algo tan serio como para poner fin a la relación.

Las preguntas comienzan a versar sobre lo que te incomoda de la convivencia y el malestar que te genera. Del mismo modo cuestionas la distancia emocional que sientes con tu cónyuge y la necesidad de otro tipo de tratos, acuerdos y conversaciones que te hagan sentir mejor. Te planteas a menudo si te aburres en su compañía, si la calidad de tus relaciones sexuales es buena, si la rutina os está absorbiendo, y prefieres evitar discusiones y pleitos que no te llevan a ningún lugar.

2. Contemplación

En esta segunda etapa se siente una necesidad más seria de considerar si terminar la relación, pero quizá también se requiere de mayor información para tomar una decisión definitiva. Muchas personas en esta etapa por primera vez comparten con alguien cercano el malestar que les aqueja; algunos visitan a su guía espiritual, van a terapia o consultan incluso a un abogado.

Situarse en la contemplación aumenta la confusión mental y afectiva, así como el desgaste físico y emocional, ya que rumiar la posibilidad real de dar este paso ocupa gran parte de la energía personal. Si te encuentras en esta etapa puedes podrías sufrir efectos en tu vida que mermen tu rendimiento laboral, descuiden tus labores cotidianas y te desconecten de tus seres queridos. Del mismo modo puedes mostrar poco interés en cualquier otro tema o proyecto que no ayude a definir tu situación. Es muy importante ser consciente de estos efectos y ser cuidadoso para prestarles la debida atención a tus hijos, en caso de que los tengas.

En algunos casos los sentimientos de fracaso y miedo aparecen por primera vez. Día a día la situación cambia generando ansiedad y falta de atención. Estos síntomas, si bien son desagradables, también son indicadores de que avanzas en tu camino de definición: no es sencillo atravesar el maremágnum interno que implica esta situación.

3. Poscontemplación

Es la etapa final del proceso y tiene tres salidas posibles:

a) Quedarte en la relación y dejar de cuestionar la posibilidad de una separación. Decisión en la que corresponde hacer cambios significativos dentro de la pareja para evitar que en un futuro te encuentres de nuevo en la disyuntiva de irte o quedarte.

b) Dejar la relación. Elección que por el momento atenúa la sensación de ansiedad e indecisión, pero que te obliga a enfocarte en un sinfín de pequeños y grandes detalles de los cuales depende que la separación y el fin transcurran de manera exitosa. Recuerda que esta etapa requiere de mucha atención, pues tus elecciones, además de tener efectos en tu propia vida y en la de tu pareja, repercutirán en otras personas que se encuentran a tu alrededor.

No serás el primero ni el último que transite este proceso; hoy hay infinidad de ejemplos similares. De cualquier modo, conserva la calma y reflexiona para que actúes con integridad.

c) Finalmente, queda la opción de seguir cuestionándote si debes o no quedarte. Con esta última alternativa no se lleva a cabo una acción para encontrar una solución, por lo que la confusión y el dolor siguen presentes y en aumento. Situarte aquí equivaldría a continuar en el tobogán de la indefinición. Sostenerte en una indefinición puede significar que el miedo a la separación o al divorcio no te permita decidir, por lo que es importante que hagas un análisis honesto de tu relación. Lo más probable es que descubras que la vida amorosa, cariñosa y sexual que alguna vez tuviste con tu pareja ha concluido; por tanto, tendrías que reconocer que no sientes —en el mejor de los casos— más que cariño y agradecimiento que no es suficiente para continuar una vida en común. ¿Por qué no tomar la decisión de irte? ¿Por qué seguir en esa relación?

En la precontemplación generalmente se busca una solución dentro del matrimonio, mientras que si estás en la contemplación o en la poscontemplación se considera más de cerca la separación o el divorcio como solución.

No sobra mencionar que el contexto social y la edad que tengas se convierten en factores importantes a la hora de definirte: las mujeres más jóvenes integran con mayor facilidad la posibilidad de divorciarse sin verlo como un fracaso. Para mujeres mayores de cuarenta y cinco años el divorcio sigue estando estigmatizado a nivel social como un fracaso. Existen familias extensas donde los padres aún reprueban una separación y les dan la espalda a los hijos que eligen esta opción.

Por otro lado, influye de igual modo el ámbito social en el que te muevas: vivir en una sociedad conservadora —como lo es la mayoría de la población mexicana— donde se sobrevalora la vida en pareja y el matrimonio, hace mucho más difícil tomar la decisión de separarse, aun en casos de situaciones extremas donde la posibilidad de terminar es una oportuna elección.

Afortunadamente, no todo mundo tiene prejuicios sobre las rupturas amorosas; hay quienes definen el divorcio como lo que es: una posibilidad de poner fin a una relación pobre, lastimosa o destructiva, asumiendo que si bien es un proceso doloroso, su buena gestión puede ofrecer alternativas para una vida mejor.

Por todo esto es importante que te cuestiones cómo defines tú la posibilidad del divorcio, no para decidirte por ella a las primeras de cambio y con una actitud de ligereza, pero sí para no resistirte a ella de manera prejuiciosa en caso de que fuera una opción necesaria a considerar.

Tengo miedo...

Muchas veces los miedos impiden soltar una relación donde el amor ha muerto: miedo a quedarte solo, a no volver a rehacer tu vida en pareja, al qué dirán, a reducir tu nivel de vida, a renunciar a ver a diario a tus hijos, o bien a cargar con casi toda la responsabilidad de tener que educarlos.

Los miedos son la principal causa por la que las personas no pueden tomar una decisión en torno a su vida amorosa. Si bien parte de esta reacción es normal —muchas veces vivimos entre el pasado y el futuro, entre el recuerdo y la imaginación—, terminamos teniendo miedo al miedo y nos paralizamos.

El miedo es la ansiedad provocada por la anticipación de un peligro. La impotencia y el miedo se mezclan en tu vida cuando ante las dos posibilidades —irte o quedarte— sientes que ninguna representa una buena elección. Esto te paraliza y te hace sentir como si estuvieses atrapado. La de falta de control ante el desconocimiento del camino que está por llegar podría estar generándote una sensación de indefensión.

Otro asunto atemorizante es el miedo a los conflictos. ¿Cuántas veces has evitado una conversación para no tener que discutir? ¿Por qué te resistes a sugerirle a tu pareja una consulta o una terapia? ¿Cuánto tiempo dejarás pasar antes de afrontar todo este temor?

Vencer el miedo a tomar una decisión requiere de una valentía sostenida en el tiempo. Cuando hablamos de valentía no nos referimos a la que se necesita para ir a la guerra o para pelear; nos referimos al tipo de valentía que permite resolver las dificultades. Ser valiente es actuar con justicia y decisión, es tolerar la incertidumbre y cierto descontrol, es ser fuerte y al mismo tiempo prudente y compasivo. El valiente actúa tomando partido ante las disyuntivas que le plantea la vida, y aunque sabe que es muy posible que tenga que renunciar a algo, sea cual sea la decisión que tome, también confía en que algo bueno llegará…

CUADRO DE VALORACIÓN

Comenzando el recorrido mental

A. TRABAJO INDIVIDUAL

1.	¿La ambivalencia respecto a si continuar o terminar la relación es una constante en tu día a día?	sí	no
2.	¿La ambivalencia que experimentas genera mayor distancia con tu pareja?	sí	no
3.	¿Te encuentras a menudo comparando en una balanza los aspectos positivos y negativos de la relación con tu pareja sin llegar a alguna conclusión?	sí	no
4.	¿Experimentas con frecuencia el ciclo de indecisión?	sí	no
5.	¿Ha aumentado la intensidad de las discusiones y de las crisis?	sí	no
6.	¿Ha aumentado el silencio y la distancia por desesperanza o miedo?	sí	no
7.	¿Te sientes debilitado y cansado por la repetición del ciclo de indecisión?	sí	no
8.	¿Al rumiar la posibilidad de dejar tu relación te ubicas en alguna de las etapas más avanzadas como contemplación o en la poscontemplación?	sí	no
9.	Si no te detuvieran creencias rígidas sobre el divorcio, la ruptura del núcleo familiar, el enfado de tus seres queridos si te separas, el castigo» de la sociedad o un ser superior, ¿ya te habrías ido?	sí	no

B. Trabajo de introspección

Reflexiones

Conclusiones

2. ENTENDIENDO TU RELACIÓN ACTUAL

El amor tiene fácil la entrada y difícil la salida.
FÉLIX LOPE DE VEGA

El amor no consiste en mirarse el uno al otro,
sino en mirar juntos en la misma dirección.
ANTOINE DE SAINT-EXUPÉRY

«Dime con quién estás y te diré por qué estás ahí»

Las personas cambiamos con el paso del tiempo, y por eso nuestras razones para estar juntas en una vida de pareja pueden llegar a agotarse. Ante esto tenemos generalmente dos opciones: la relación puede actualizarse de manera que sus miembros encuentren y acuerden otras razones para permanecer unidos, o bien —cuando las historias, los deseos, los intereses, incluso los valores de cada uno cambian tanto— decidir terminar porque la vida en común se hace muy pobre e incluso incompatible.

Para continuar el trayecto que perfilará tu decisión sobre irte o quedarte con tu pareja actual, es necesario que primero comprendas qué hizo posible esa relación. Es difícil, si no imposible, moverse adecuadamente de cualquier espacio si no se tiene claro el terreno que se está pisando. Por eso, es importante reconocer los motivos que te impulsaron a formar esa pareja y entender —desde los comienzos de la relación— aspectos de la crisis que estás viviendo en el presente.

Comprender cómo llegaste hasta aquí y encontrar alguna explicación de lo que está ocurriendo son herramientas que te liberarán de culpas y confusiones, favorecerán la adopción de una postura, y finalmente facilitarán la toma de una decisión. Por ello, te invitamos a que te dispongas, a través de la lectura de las siguientes líneas, a entender cómo y por qué nos atraemos los seres humanos hasta el punto de crear un vínculo de pareja particular.

El comienzo del amor...

Describíamos en el capítulo anterior cómo empezó la vida en pareja. Insistimos en que no solo somos seres gregarios que, de alguna manera, necesitan del otro para vivir, sino que también la atracción física forma parte de nuestra naturaleza biológica. Como seres sexuales que somos, desarrollamos vínculos a través del ejercicio de nuestra faceta erótica: sobre la dimensión básica de la sexualidad humana que genera placer se asienta el erotismo —uso cultural que damos los humanos al sexo—, sobre el erotismo se asienta el enamoramiento, y sobre este se construye el amor. Así surge el amor como fenómeno.

La atracción física y sexual actúa como un imán poderoso que une a dos personas. Algunas forman parejas primordialmente por esta razón; sin embargo, si no existe una conexión más significativa que incluya sueños, necesidades, intereses y valores comunes, es probable que la relación no sea duradera ni satisfactoria.

En la actualidad la pareja no se construye, como hace unos pocos siglos, sobre la necesidad de la reproducción, de la producción y de la supervivencia, imperativos que eran razones suficientes para llevar a cabo un contrato matrimonial. Si bien hoy permanece entre las personas el deseo de vivir en pareja, la constante de este anhelo se basa más en la búsqueda de una relación que abra opciones en la vida, que genere una seguridad básica y nutra de compañía y bienestar, que en la necesidad de producir, sobrevivir y reproducirse.

Hoy privilegiamos el gusto por estar con el otro, la necesidad de un intercambio de ternura y afectos, el acompañamiento solidario en la vida cotidiana y el disfrute común del erotismo y la pasión. El eje de la vida amorosa ha cambiado, pero parece que no ocurre lo mismo con el deseo por emparejarse.

Si en la actualidad el amor es el factor más importante que mantiene unidas a las parejas, en nuestra sociedad el concepto de amor conlleva grandes expectativas que predisponen a que aparezcan conflictos en cualquier relación. La esencia del amor, observada en los deseos vehementes y las esperanzas latentes de las personas, consiste en que el ser humano nace incompleto y se mantiene en una lucha interior constante para llegar a ser más completo. Desde esta perspectiva, el amor no se equipara con la felicidad, sino más bien con un grado suficiente de satisfacción y un camino certero de autorrealización. Así, encontrar pareja, vivir en pareja, tener pareja, no nos puede ahorrar del todo el sufrimiento ni algo de soledad.

Las relaciones amorosas no son, por tanto, totalmente armónicas y menos aún altruistas: tienden a ser, en el buen sentido de la palabra, egoístas y tensas. En una relación amorosa se encuentran dos seres que buscan, son imperfectos y se sienten insatisfechos; a través de su intercambio afectivo esperan hacer realidad su potencial personal, así como abrirse camino hacia nuevos desarrollos. Por tanto, en la vida de pareja se percibe el deseo explícito de la vida en común, pero coexiste a un nivel más o menos consciente la necesidad de crecer.

Con este sí, con este no

Es evidente que no podemos esperar ser compatibles con cualquier persona. Como mencionamos antes, los encuentros amorosos se sustentan sobre todo en la atracción física y sexual, si bien a esto le podemos sumar tres razones principales por las que dos personas se unen y permanecen juntas para generar entre ellas un acoplamiento más sutil que les permite lograr uno o varios de estos cometidos básicos: sentirse bien, encontrar un equilibrio y sanar heridas anteriores.

1) **Sentirse bien.** Como seres humanos, tenemos un imán inconsciente que nos dirige hacia cualquier persona, cosa o circunstancia que nos aporte un sentimiento de familiaridad y bienestar. Independientemente de que el rasgo o la característica que veamos en la otra persona o situación sea constructivo o no para nosotros, si no nos es familiar lo rechazaremos y, por el contrario, si nos resulta habitual o conocido, es probable que nos llame la atención y nos atraiga. Esta familiaridad se da a partir de un rasgo o ambiente con el que muy probablemente crecimos y con el que estamos acostumbrados a vivir.

Como es sabido, aunque de manera consciente nos quejemos de actitudes y características de nuestra pareja, a nivel inconsciente solo llegamos a acuerdos con aquellas personas con las que nos unimos psíquicamente. Todos necesitamos algún tipo de bienestar para sentirnos seguros y para crecer. Sin embargo, demasiada comodidad nos impide madurar emocionalmente. ¿Por qué?

- Porque no desafiamos estructuras, creencias y patrones que pueden estar obsoletos en nuestra vida.
- Porque la comodidad extrema nos impide expandir nuestra personalidad para probar cosas nuevas y correr ciertos riesgos que podrían abrirnos a posibilidades que aún están por llegar.
- Porque tememos experimentar la dosis de ansiedad necesaria que requiere cualquier proceso de transformación.

Tarde o temprano el estado de bienestar se rompe por algún acontecimiento interno o externo a la pareja y se desajusta la relación.

2) **Para encontrar un equilibrio.** Las razones por las que hemos escuchado que «los opuestos se atraen» o que «los iguales se atraen» son exactamente las mismas: en la naturaleza todo ser viviente busca una homeostasis, es decir, estabilidad para seguir vivo y funcionar adecuadamente. Los seres humanos y las relaciones que establecen entre ellos no son una excepción.

Una persona relativamente equilibrada será atraída por otra persona similar, por no decir madura, autónoma y con autoestima. Por el contrario, aquellos individuos que se encuentren desequilibrados buscarán una pareja que crean que puede ayudarlos a lograr el equilibrio deseado. Cuando encuentran a dicha persona, logran estabilidad, por precaria que sea, y limitan así su capacidad de llegar a ser «por sí mismos» individuos equilibrados. Entonces se da una dinámica turbulenta dentro de la relación: la extrema necesidad del otro me obliga a retenerlo para no sentir que puedo caer o tropezar.

Cada persona posee niveles diferentes de todos los rasgos humanos —unos más desarrollados, otros en potencia para ser explorados y trabajados—: la combinación de estos, el temperamento personal y el aprendizaje del entorno, son lo que nos distingue de los demás individuos y hace que despleguemos nuestras potencialidades de manera diferente.

En términos generales, una persona equilibrada puede hacer un uso variado de diversos rasgos y características: dar y recibir, ser extrovertida e introvertida; expresar de manera conveniente una gama muy amplia de emociones, aceptar cuando está mal o se equivocó, al igual que recibir de buen grado una alabanza por un trabajo bien hecho; puede mostrarse activa, pero si es necesario también puede detenerse y descansar.

Ser una persona equilibrada no necesariamente significa utilizar y mostrar siempre y por igual todos los rasgos y características que la distinguen. Son muchos los factores que entran en juego en la configuración de nuestra personalidad. De cualquier modo, lograr una estabilidad y madurez básica requiere reconocer e integrar la diversidad de emociones, reacciones y conductas, y aceptar que todas ellas son parte de nuestro acervo.

Cuando dos personas se unen en pareja forman un sistema. Este nuevo sistema se construye con la combinación de los rasgos y las creencias de ambos amantes creando una entidad nueva que se refleja en la interacción de la pareja: inconscientemente, esta activará ciertos rasgos en ti, con mayor o menor intensidad, dependiendo lo que le funcione mejor para que su sistema esté más equilibrado. De igual manera, tus rasgos complementarán o contradirán diferentes aspectos de tu pareja.

Por lo general, somos muy conscientes de las diferencias entre nuestra pareja y nosotros, pero casi siempre se nos olvida que desde un inicio nos elegimos mutuamente para encontrar un equilibrio en estas diferencias. La unión nació de un deseo sano y natural por lograr un intercambio estabilizador. Encontrar un equilibrio a veces puede volverse destructivo si ambos se atrincheran en una dinámica inconsciente de polarización, esto es, mantenerse enrocados en sus posiciones y demandar sin respeto que el otro nos aporte lo que necesitamos en vez de ser atrevidos y abastecernos, y asumir que el otro no nos lo puede dar.

3) **Para sanar heridas anteriores.** La tercera y última fuerza que conecta íntimamente a dos personas es la necesidad de sanar heridas anteriores. En varias ocasiones el individuo puede considerar como posible causa de la ruptura la forma en que lo trata su pareja, ya sea porque es abusivo y demandante, o porque es sobreprotector y meloso. Lo que estas personas difícilmente alcanzan a ver es que esas situaciones que viven con su pareja pueden impulsarlas a descubrir heridas pasadas que quizá no sabían que existían y que seguían vivas en el interior de su ser.

Usualmente la dinámica que creamos con nuestra pareja es o muy similar o por completo opuesta a la dinámica que ya teníamos en nuestra familia de origen. Para bien o para mal —generalmente por ambas razones—, aprendimos a relacionarnos con nuestra familia de una manera particular, la cual ahora utilizamos en nuestras relaciones más cercanas e íntimas: en particular con nuestra pareja y nuestros hijos.

El tipo de relación establecida con tus padres —la manera de lidiar con el enfado, el rechazo, el amor y la intimidad— son factores que han influido en tu elección amorosa. Si logras distinguir en tu relación actual algo que no habías tenido en cuenta, estarás agregando a tus herramientas vitales un elemento de autoconocimiento que te facilitará la comprensión de lo que estás atravesando con tu pareja, así como la posibilidad de tomar una buena decisión.

Insistimos en que estas dinámicas suelen suceder de manera inconsciente: por lo general recreamos con nuestra pareja patrones similares a los que teníamos con uno de nuestros padres, en particular con aquel con el que quedaron tareas pendientes, anhelos frustrados y dolores ocultos. Así, la dinámica de pareja es un escenario que trae el pasado y abre la posibilidad de trabajarlo hoy. Por eso, de algún modo en la relación de pareja esperamos poder sanar y superar esa situación.

Como podrás observar, los cometidos mencionados se interrelacionan y se mezclan en el momento de elegir pareja; incluyen, de alguna manera, el concepto que tenemos de nosotros mismos, los modelos de relación que nos resultan conocidos y las creencias que hemos introyectado de lo que es el amor, la pareja y la vida familiar. No solo nos vinculamos con alguien para cubrir esos deseos y necesidades propias; la idea de poder ayudar al otro en el hallazgo de su camino puede también ejercer una atracción especial. En el fondo, se pretende acompañar al otro a sanar sus heridas y lograr su bienestar. Pocas cosas generan más satisfacción que ser el refugio y el deseo de la pareja.

Así, confirmamos que la vida en pareja es un intercambio permanente: sus miembros no están el uno para el otro de forma incondicional, sino que estimulan mutuamente su propio desarrollo. No solo se dan apoyo recíproco, sino que se plantean expectativas. ¡Los miembros de la pareja suelen ser los críticos mutuos más agudos!: desbaratan las tendencias personales a evitar inconvenientes y confrontaciones. Es difícil que uno reaccione de manera diferente frente al otro, pues ambos están afectados personalmente por la conducta y la acción de su pareja.

El análisis de la crisis de pareja puede ser de gran provecho para el crecimiento personal si se pone atención en estos mecanismos que están en la base del encuentro con el otro. La relación de pareja es un espejo de quienes somos, y, por tanto, un estímulo importante para la conquista de la madurez, más allá de que la relación termine o pueda continuar.

Rompiendo patrones

¿Cómo te relacionas normalmente con tu pareja? ¿Qué tipo de patrón repites? Los motivos por los cuales te emparejas y de los que ya hemos hablado en los párrafos anteriores se despliegan en patrones concretos que rigen la dinámica de tu relación.

Detectar el patrón que despliegas con tu pareja te dará una comprensión de los efectos que este genera en ti. Revisemos algunos patrones relacionales:

1) **Patrón de dependencia.** Consiste en sobrecargar uno al otro debido a una necesidad permanente de ayuda, consejo y acompañamiento para moverse y tomar decisiones. A veces es agradable por la sensación de apoyo que brinda, pero también limita y cansa. Cuando alguien trata de moverse, cambiar o crecer, incomoda al otro, que está apoyado en él, por lo cual se evita su evolución en tanto que desestabiliza la relación.

2) **Patrón sofocante.** Queda explicado con frases como: «Tú y yo somos uno mismo» o «Quiero vivir contigo para siempre». Se trata de una relación fusional: hemos

de pensar, sentir y actuar de igual forma. La fusión da una sensación temporal de totalidad y completud pero al final asfixia, dado que en primera instancia somos individuos y luego nos conformamos como pareja. Se requieren espacios para crecer, se necesita cierta distancia para mirarse el uno al otro, reconocer las diferencias y cultivar el amor. La relación sofocante es propia de la etapa del enamoramiento o de la luna de miel de la relación, pero sostenerla en el tiempo tiene costes severos para la autonomía de las personas y para la calidad de la interacción.

3) **Patrón de pedestal.** Uno de los miembros de la pareja desarrolla una extrema admiración por el otro, hasta tal punto de subirlo a un pedestal. No se ama al otro por lo que es sino por la imagen idealizada que se ha construido de él, por lo cual se desea que permanezca en ella para seguir amándolo. Esto representa más una necesidad de que el otro me dé seguridad, admiración y estatus, que de una relación igualitaria con los pies en la tierra. Una relación entablada más con una imagen que con la persona misma es insostenible y tiende a desplomarse.

4) **Patrón de amo y sirviente.** Un miembro tiene una personalidad dominante y requiere someter al otro, controlarlo y poseerlo. Esto, en el mejor de los casos, genera una lucha de poder que en sí misma dificulta la comunicación y la intimidad en la relación. En el caso opuesto, donde el sirviente se deje someter, la relación deja por completo de ser humana y humanitaria: el cónyuge se convierte en un objeto de uso y consumo para satisfacer las necesidades del amo. Es una relación violenta.

5) **Patrón de atadura.** Es común en las parejas muy convencionales. Los miembros acuerdan —explícita o implícitamente— no separarse, aunque el intercambio

amoroso a todos los niveles sea pobre o nulo. No hay comunicación ni expresión de amor, pero el compromiso se sostiene por razones de conveniencia, por miedo a la soledad o por el hecho de privilegiar la vida «familiar». Es común poner el pretexto de «no dañar a los hijos» para sostener este tipo de relaciones que con el paso del tiempo generan mucho resentimiento, estancamiento y desazón.

6) **Patrón de mártir.** Un miembro se sacrifica completamente por el otro y trata de servirlo. El otro, ¿cómo puede enfadarse con quien hace todo por él? El mártir es otra faceta del manipulador y el controlador.

7) **Patrón equilibrado.** Este tipo de relaciones sería el modelo al que todos aspiramos. Una pareja equilibrada está constituida por dos personas contentas consigo mismas, que se apoyan mutuamente sin sobrecargarse. Si bien cada uno es capaz de vivir su propia vida de forma autónoma, quieren compartir su abundancia con otra persona. Eligen estar juntos porque lo desean, se pueden distanciar y tener sus propios espacios —trabajos, proyectos, amigos, gustos— sin que eso trastoque un proyecto de vida común. Si bien se acompañan en sus necesidades, no se cuelgan el uno del otro. La relación abre puertas para los dos. El amor que se tienen los construye como personas.

Algunos de estos estilos de relaciones pueden parecer exagerados y caricaturescos. Sobra decir que son bastante más comunes de lo que uno se imagina. ¿Te identificas con alguno de ellos? Si físicamente representas cada una de las posturas que se describen, y adoptas durante tres minutos las posiciones indicadas, sentirás corporalmente lo que implica ese tipo de relación.

Haz el ejercicio y pregúntate: ¿qué posición representa mi relación? ¿Las posiciones me hacen entender algo de lo que ocurre en mi vida de pareja? ¿Descubro algún patrón interaccional del que no tenía conciencia? ¿Encuentro algo que hasta hoy no había podido detectar?

Los patrones maladaptativos en una relación no ocurren de un día para otro ni solo por la actuación de uno de los individuos: es un ciclo que involucra la acción y reacción de ambos. Una vez entendemos cómo y por qué se crearon, podemos comenzar a desarmar esa dinámica. Pregúntate qué te ha movido a sostener tu relación de pareja: ¿sentir bienestar? ¿Lograr el equilibrio? ¿Sanar una herida temprana?

Intentando comprender al otro

Cada individuo ha sido influido de una manera única, por su genética, por su historia personal, por su contexto cultural y social. Por eso, dependiendo de la perspectiva que tengas verás los eventos de una manera diferente a todas las personas que te rodean. Es fácil y tentador asumir que los otros están equivocados, pero ¿por qué no, en lugar de saltar rápidamente a esa conclusión, pruebas a preguntarles a los demás cómo y por qué ven las cosas de esa manera? Un diálogo de este tipo te permitirá conocer de forma distinta a otras personas y, al mismo tiempo, ampliar tus propios horizontes.

Esto ocurre del mismo modo con tu pareja. Cada uno ve los acontecimientos desde un punto de vista diferente basado en sus experiencias pasadas. Tu voluntad y habilidad para examinarte y cambiar viejas maneras de pensar y reaccionar traerá consigo cambios positivos en tu vida, en general, y quizá en tu relación, en particular.

Puede ser extremadamente desafiante romper y cambiar la forma en que te relacionabas contigo mismo, con los demás y con el mundo. Se necesita tener la voluntad de examinarse profundamente y lidiar con la incomodidad que se experimenta al cuestionar pasadas creencias concebidas como verdades universales para luego escoger nuevos comportamientos. No obstante, cuando comiences a ver cuánto pueden cambiar las dinámicas en todas tus relaciones si abres nuevas posibilidades, experimentarás las recompensas que estos cambios usualmente traen consigo.

Es verdad que no puedes cambiar a nadie más que a ti mismo, pero cambiar tus acciones y reacciones puede influir a las personas que están a tu alrededor. Cualquier convivencia duradera y constructiva exige una gran aptitud para manejar diferencias de opinión y capacidad para enfrentarse el uno al otro. Las parejas son los críticos más aptos y los provocadores más implacables porque cada uno está afectado directamente por el desarrollo del otro. Por regla general es acertado lo que se reprochan mutuamente, aunque solo a la vista del otro. Los miembros de la pareja son, el uno para el otro, la voz del aspecto escondido que impulsa el crecimiento personal.

Las crisis en las relaciones amorosas suelen aparecen cuando uno o los dos miembros de la pareja se cierran a desarrollar temas pendientes que se reflejan en su relación. La clave de esta encrucijada es entender que, por lo general, solo se necesita que varíe una parte para promover el cambio en la dinámica de la relación. Entendiendo los patrones de tu relación, ¿hay algo que aún puedas hacer por cambiarlos y por que algo mejore?

Solemos pensar que los problemas que se nos presentan se deben al comportamiento de nuestra pareja, y que nuestras acciones y reacciones están perfectamente justificadas. Es fácil ver los errores del otro y pasar por alto los propios. Sin embargo, en toda dinámica relacional hemos de entender que nosotros jugamos una parte muy importante en la repetición y el mantenimiento de los patrones maladaptativos; de lo contrario, seguiremos perpetuándolos.

¿Por qué no has dejado de bailar al son de tu relación? ¿Por qué no has superado, transformado o abandonado esa interacción? A veces, sutilmente, nos involucramos en relaciones muy desiguales en las que el poder del otro, ya sea social, económico, físico o emocional, nos va sometiendo, asustando y restando libertad. Aunque te sientas atrapado en una relación destructiva puedes pedir ayuda y descubrir que nunca te habrías enganchado de alguien que no bailara a tu ritmo. Esto no significa que tú seas responsable del maltrato o del abuso recibido, pero sí puedes procurar abrir la situación, denunciar, solicitar ayuda y recuperar tu paz y equilibrio personal.

Cuando uno se comporta de manera diferente o introduce en su conducta un cambio sostenido —por pequeño que sea—, la gente a nuestro alrededor también reacciona de manera distinta. Esto ocurre de igual modo en la vida de pareja: introducir una alteración en nuestras acciones genera diferencias en la relación. Pon especial cuidado a cualquier movimiento que pretendas hacer si este pone en riesgo tu integridad física y emocional: no te aventures solo, ¡pide ayuda!

Es importante señalar que si pretendes cambiar no debes hacerlo con el único objetivo de transformar a tu pareja, sino también de encontrar el equilibrio y la riqueza que hay dentro de ti. Como respuesta a tu movimiento, tu pareja decidirá si quiere y puede acompañarte en la creación de un vínculo más constructivo. Si lo que atravesáis no son situaciones particularmente complejas, como el abuso, las adicciones, la violencia y las psicopatologías graves, podréis trabajar juntos para salvar la relación.

Una vez inicies el cambio es importante estar atento a los resultados que se producen y, a ser posible, dialogar con tu pareja para, juntos, favorecer la transformación. Si es solo uno de los miembros de la pareja el que carga con la responsabilidad de hacer todo el trabajo para modificar el patrón maladaptativo y salvar la relación, tarde o temprano se sentirá exhausto y enfadado al no ver cambios en su pareja ni en su vida en común. Por eso, si después de implicarte seriamente en este proceso —quizá acompañado por un buen amigo, familiar o incluso por un profesional que te dé apoyo y retroalimentación— notas que el interés de tu pareja es nulo, deberás pensar seriamente si vale la pena sostener este intento o si desperdicias energía tratando de salvar algo que prácticamente ya se ha acabado.

En cualquier caso, no te desanimes pensando que todo tu esfuerzo ha sido en vano; recuerda que conocerte y entender la relación que has construido es una parte del camino que inicias y una herramienta de superación.

CUADRO DE VALORACIÓN		
Entendiendo tu relación actual		
A. TRABAJO INDIVIDUAL		
1. El placer que algún día generó tu relación de pareja ¿te crea ahora más malestar que bienestar?	sí	no
2. El equilibrio que tu pareja daba a tu vida ¿es ahora precario y desequilibrado?	sí	no
3. El intento inconsciente por sanar heridas del pasado con tu pareja ¿te crea ahora una dinámica más negativa que positiva?	sí	no
4. Tras revisar las razones por las que elegiste a tu pareja, ¿sientes que ahora no sean suficientes como para continuar a su lado?	sí	no
5. ¿Te cuesta trabajo comprender y respetar los puntos de vista de tu pareja?	sí	no
6. Siendo consciente de que tu actuación genera parte del conflicto, ¿consideras que has hecho lo suficiente por cambiar esa situación de permanente desgaste?	sí	no
7. ¿Tu pareja se burla o se opone de algún modo a tus intentos de cambio personal?	sí	no
8. ¿Tu pareja se burla o se opone de algún modo a tus propuestas para mejorar la relación entre ambos?	sí	no

B. Trabajo de introspección

Reflexiones

Conclusiones

3. RECONOCIENDO TUS DESEOS Y NECESIDADES

Lo que determina la separación no es
tanto el motivo como la motivación.
ANTONI BOLINCHES

Tras cuestionar el tipo de relación que has construido a lo largo de los años de vida de pareja es importante que te adentres a revisar el nivel de satisfacción que experimentas en tu vida en general y en tu relación en particular. Quizá el dilema que atraviesas entre permanecer en o abandonar tu actual relación tiene que ver con requisitos internos básicos que surgen desde tus deseos y tus necesidades, los cuales pueden estar reflejados en tu motivación. La mayoría de las personas necesitan de un acicate concreto para poder tomar cualquier decisión, ¡qué decir para elegir irse o quedarse en una relación!

Todos conocemos casos de violencia en la pareja en los que los efectos de una interacción tan destructiva dificultan vislumbrar caminos de solución. Por otro lado, también hemos sido testigos de parejas que atraviesan problemas menores que afectan su convivencia y que por un orgullo mal entendido no invierten su energía en buscar alguna solución. A pesar de las obvias diferencias entre las dos situaciones, en ambas podemos notar que la falta de motivación para salir de esas penosas dinámicas es un factor contundente que imposibilita activar el cambio. Pareciera entonces que el miedo que nos lleva a optar por permanecer en la pareja o por abrir una puerta de salida a la misma se resolvería encontrando una motivación adecuada que nos impulsara a actuar.

Para vivir como quiero, requiero...

Los seres humanos tenemos un sinnúmero de necesidades, no todas con la misma urgencia y prioridad. Por ejemplo, si nuestras necesidades físicas no son saciadas, podemos literalmente morir; no es el caso de las necesidades emocionales, las cuales al no ser satisfechas generan una inmensa frustración, dolor e insatisfacción —queja de infinidad de personas y de vidas con poco sentido—, y por esa razón hay quienes llegan a enfermar tanto en lo físico como en lo emocional, pero no necesariamente a morir.

Los seres humanos somos seres interdependientes: dependemos de otras personas para que se satisfagan algunas de nuestras necesidades; esto sucede inevitablemente en la infancia —cuando requerimos de infinidad de cuidados para poder sobrevivir—. Sin embargo, con el paso del tiempo aprendemos a gestionar cierta autonomía logrando un intercambio con nuestro entorno: colaboramos para satisfacer las necesidades de los demás y los otros ayudan a solventar las nuestras.

Las personas que tienen tropiezos en su camino hacia la madurez desarrollan un grado mayor de dependencia en la satisfacción de sus necesidades: algunas de ellas generan relaciones desafortunadas y destructivas y subordinan su vida a lo que otros les quieran dar. De cualquier modo, todos tenemos necesidades y todos requerimos del intercambio social para satisfacerlas de manera general.

Abraham Maslow, psicólogo estadounidense conocido como uno de los fundadores de la psicología humanista, desarrolló un triángulo al que llamó «jerarquía de necesidades» —más conocido como la pirámide de Maslow—. Afirmó que las necesidades humanas son progresivas y que van desde la base de la pirámide hasta la cúspide de la misma, en una escala de mayor complejidad y sofisticación.

Maslow descubrió, a través de un experimento con chimpancés, que cuanto mayor sentido de supervivencia tenía el animal estudiado, más se reflejaba su necesidad de sobrevivir mediante conductas de agitación y agresividad. Concluyó, tras diversas observaciones y conjeturas, que el comportamiento de los seres humanos se vuelve individualista y egoísta en los estadios más básicos de la pirámide, y, por el contrario, cuando la necesidad insatisfecha corresponde a niveles superiores, se muestra más interrelacional y cooperativo.

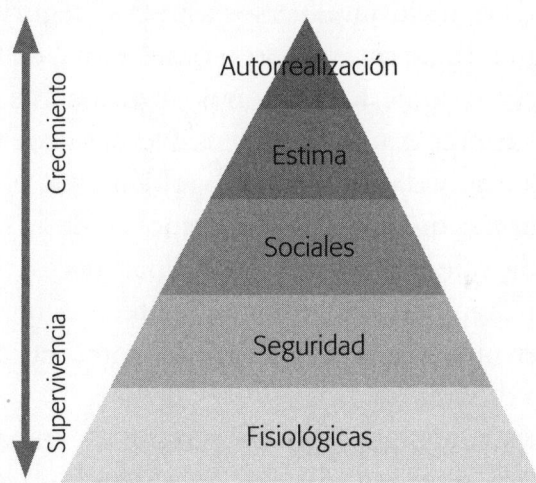

Maslow identifica las cuatro primeras como «necesidades de deficiencia», aquellas que deben ser satisfechas para tener una plataforma básica de tranquilidad y seguridad. La quinta se considera una «necesidad de crecimiento», la cual es de menor vitalidad para nuestra supervivencia, pero de mayor importancia para nuestra realización y crecimiento como seres humanos.

1) **Necesidades fisiológicas.**

El primer y más básico nivel está formado por las necesidades fisiológicas. Estas tienen que ver con poder satisfacer las relacionadas con la supervivencia; por ejemplo, agua, comida, respiración, descanso, evitación del dolor, equilibrio de la temperatura corporal, eliminación de desechos. Sin la satisfacción de estas necesidades básicas moriríamos.

Sobra señalar que en México existe un alto porcentaje de población que aún carece de la satisfacción elemental de estas necesidades primarias.

2) **Necesidades de seguridad.**

Una vez resueltas las fisiológicas podemos enfocarnos en las del siguiente nivel, que son las necesidades de seguridad. Estas incluyen diversos aspectos: seguridad física, como un refugio que nos proteja del clima, de los animales e incluso de ciertos humanos; seguridad de salud, que implica contar con lo indispensable para conservar una situación de vida saludable. También está la seguridad de recursos, que consiste en disponer de la educación, los medios de transporte y la sanidad necesaria para vivir con dignidad. Finalmente, aparece la necesidad de proteger nuestros bienes y activos, como nuestra casa y nuestro dinero.

Nuevamente, un alto porcentaje de mexicanos no cuenta con estas seguridades. No digamos ya de la certeza de no ser víctimas de violencia.

3) **Necesidades sociales.**

Las necesidades sociales se refieren a la importancia de saberse querido por los otros y de pertenecer a la comunidad. La satisfacción de las mismas incluye agruparse en familias, amistades u organizaciones sociales y ser incluido en diversos grupos que forman parte de la comunidad.

Todos queremos ser aceptados y tener sentido de pertenencia; sin embargo, quizá esta necesidad se deja sentir de manera particular cuando dudamos de nuestra relación de pareja y requerimos de apoyo y acompañamiento para definirnos y tomar una decisión.

4) Necesidades de estima.

Maslow describió la alta autoestima como la necesidad del respeto a uno mismo. La autoestima va acompañada de la experiencia de autoconfianza, de la sensación de ser competente y de sentirnos capaces, con logros, con cierta independencia y con la posibilidad de hacer uso de nuestra libertad. El respeto de las demás personas hacia nosotros también entra en esta categoría como, por ejemplo, la necesidad de atención, aprecio, reconocimiento, estatus y dignidad.

En el dilema de irte o quedarte, una alta autoestima y un empoderamiento personal te permitirán tomar con mayor confianza una decisión que propicie tu autocuidado, así como las medidas necesarias para ser considerado por quienes están a tu alrededor. Una persona con autoestima no necesita aplastar a los demás para sentirse bien.

5) Necesidad de autorrealización.

Es la necesidad psicológica más elevada del ser humano. Maslow describe a las personas autorrealizadas como capaces de lidiar con la realidad y la vida bajo las condiciones que la misma les vaya planteando. Aceptarse a sí mismo y a los demás es parte de la autorrealización, así como ser flexible en los pensamientos y en las acciones con que respondemos al entorno.

La persona autorrealizada se orienta a encontrar soluciones creativas e inteligentes a sus problemas. Maslow observó que estas personas pueden actuar y pensar independientemente de las influencias sociales y culturales con las que fueron criadas. El psicólogo estadounidense también recalcó que quienes llegan a este nivel de desarrollo tienen una gran apreciación por todas las personas involucradas en su vida y por todos los sucesos que les acontecen: como han satisfecho todas sus necesidades básicas, son individuos que pueden enfocarse en superar-se a sí mismos, así como en dar tiempo y dinero a sus comunidades y al mundo en general.

Quizá lo principal de lograr satisfacer las necesidades de autorrealización sea el significado y el propósito que adquiere la propia existencia, así como la conciencia de la importancia de salir de uno mismo y de trascender.

Cualquier decisión que se tome desde este lugar, ya sea irse o quedarse en una relación, será dimensionada conforme a su magnitud, pues si bien la relación de pareja es una experiencia central en la vida de las personas, quien está autorrealizado sabe que la vida tiene mucho más sentido que el aportado por la vida en común. Una actitud así permite una apertura inteligente y acepta lo que vaya a suceder.

Una persona autorrealizada es alguien maduro. Todos nacemos inmaduros, y con el tiempo, si aprovechamos las experiencias vitales, podemos madurar. Una inagotable fuente de madurez consiste en desarrollar la capacidad de superar los conflictos y aprender de dicha experiencia de sufrimiento.

Necesidades de pareja, pareja necesitada

Después de analizar las necesidades individuales veremos que estas categorías se aplican a las propias de la vida conyugal.

Repasemos cada una de ellas:

1) **Necesidades de supervivencia.**
En una relación de pareja, las necesidades de supervivencia corresponderían a aquellos acuerdos básicos que nos hacen sentirnos como pareja dentro de la relación y mostrarnos como tal en nuestro entorno. Estos acuerdos consistirían en estar legalmente casados, vivir en unión libre o en casas separadas aunque comprometidos con una relación.

A este nivel de la escala de necesidades, las parejas en ocasiones no se aman, pero al menos son reconocidas como tal, por ellos mismos y al margen de su relación. Esta es la necesidad más básica en este sentido; si no existe no se puede hablar de que haya una pareja propiamente dicha.

2) **Necesidades de seguridad.**
Implica que los miembros de la pareja se sientan seguros el uno con el otro. Satisfacer esta necesidad los lleva a protegerse física, mental y emocionalmente y por tanto a mantener un entorno libre de abusos y de violencia. Las parejas

que experimentan seguridad en su relación también se cuidan mutuamente ante las agresiones del entorno.

Existen parejas a las que les basta satisfacer esta necesidad para vivir toda su vida juntos: mientras la seguridad esté garantizada continúan, aunque al tiempo pueda sentirse el peso de cierto vacío y desilusión.

3) **Necesidades de amor.**

En este nivel de vida de pareja se incluyen cualidades como el amor mutuo, la compasión, el compañerismo, la intimidad, el afecto y las relaciones sexuales satisfactorias. Aunque esto no garantiza que la pareja no se separe en el transcurso de su vida, nos hace pensar que mientras dure la relación se logrará que los miembros de la misma sientan que tienen una relación suficientemente buena. ¿A qué nos referimos con esto? A un intercambio que les permita crecer como personas y que les aporte un grado considerable de gozo y de satisfacción.

Una pareja que tiene satisfechas sus necesidades de amor, en términos generales vive tranquila, se divierte, se aportan el uno al otro oportunidades para una existencia más enriquecedora, disfrutan de la vida en comunión y se estimulan juntos para crecer.

4) **Necesidades de estima.**

Para explicar este nivel de necesidades en la vida de una pareja podemos utilizar la metáfora de «la naranja del amor»: las necesidades de cariño se satisfacen cuando los miembros de la pareja son «naranjas completas» porque ambos han trabajado en su autoestima personal, así como en amarse el uno al otro y lograr un respeto mutuo y una buena dosis de admiración. No esperan, como «las medias naranjas», que el otro los complete: enriquecerse el uno al otro es distinto a ver en la pareja la única fuente de satisfacción.

Las parejas que se aman están comprometidas con la relación y con ellos mismos como personas; se reconocen en sus capacidades y se retroalimentan en sus limitaciones. Y es que no solo les importa su autoestima, sino también consolidar la de su compañero.

5) **Necesidades de actualizar la pareja.**
Debido a que las necesidades básicas han sido satisfechas, ambos cónyuges pueden ayudar al otro a alcanzar sus respectivas metas, sueños o ideales. Pueden interactuar de forma madura, manteniendo un equilibrio sano tanto en su vida individual como en su proyecto conyugal. Las parejas autorrealizadas pueden salir de sí mismas y acometer proyectos que impacten a su sociedad en aras de lograr un mundo mejor.

Es habitual que nos enseñen que el amor es lo único que necesita una pareja para sobrevivir. Ahora descubrirás que para que una relación funcione se requiere de un alto grado de conciencia: qué necesitas como individuo y qué requiere tu relación. Tener satisfechas las necesidades propias y las de la pareja genera un círculo virtuoso que alimenta el placer de mantener la relación.

No podemos dejar de decir que todo intercambio amoroso implica renuncias, pero estas no suponen sacrificios ni actos de abnegación, sino elecciones tomadas porque tras ellas está la motivación de alcanzar algo mejor.

La vida de pareja es un intercambio: de deseos, de intereses, de valores, y también, en todos ellos, un intercambio de necesidades. No puedo descuidar mis requerimientos personales, pero tampoco puedo dejar de ver los de mi pareja y los de mi relación.

¿Movido por deseos; **movido por mis necesidades...?**

Hemos dicho que las personas necesitan de una motivación concreta para poder tomar cualquier decisión, y que esto se muestra con mayor relieve cuando esta se refiere al futuro de su vida amorosa y de su familia.

Las motivaciones que impulsan a los seres humanos a tomar decisiones y a cambiar ante diversas situaciones tienen en común un deseo o una necesidad. Veamos esta aseveración adaptada a la situación que estás viviendo.

• Quedarte en una relación de pareja motivado por el deseo:

Las motivaciones por deseo son las más fáciles de satisfacer, aunque no siempre son las mejores para tomar decisiones. Si te encuentras en esta situación lo más probable es que el amor que sientes por tu pareja aún esté vivo o que a menudo acontezcan en tu vida eventos que hacen que se reviva la pasión. Por ejemplo, los celos, fundados o infundados, son un factor que incrementa el deseo de permanecer con el otro, de poseerlo; la pregunta es si estos celos a la larga favorecerán realmente el acercamiento o bien deteriorarán la calidad de la relación. Otro ejemplo sería cuando uno de los miembros de una pareja en crisis tiene que viajar a menudo por motivos diversos; la ausencia y la distancia pueden contener el conflicto y aumentar el temor a la pérdida, al tiempo que interrumpen la rutina logrando que la pasión se reavive y el amor se sostenga en la distancia. Más opciones que motivarían a permanecer por deseo sería que tu cónyuge ganara la lotería, le aumentaran el sueldo, le dieran un reconocimiento laboral o social que te abriera puertas, o bien que existiera una posibilidad de acceder a una vida común más estimulante en el extranjero y que esto te llamara la atención.

• Quedarte en una relación de pareja motivado por la necesidad:

También ocurre que uno elige permanecer en un matrimonio porque las necesidades personales y conyugales son satisfechas a través de la relación. Aunque revisemos en las próximas líneas las diversas necesidades que requerimos tener satisfechas los seres humanos, un ejemplo de permanencia por necesidad sería el hecho de que la relacionada con la seguridad estuviera satisfecha porque se tiene un ingreso económico asegurado, una casa cómoda, una familia estable y una rutina predecible que se quiere conservar.

• Irme de una relación motivado por el deseo:

Esto es algo típico de muchos hombres que en su relación no encuentran satisfechas sus necesidades. La marcha acontece cuando se encuentra a otra persona de la cual se enamoran o se apasionan lo suficiente como para poder abandonar su relación. Si bien esta motivación es una de las más efectivas para terminar una relación de pareja, el problema que plantea —además del riesgo de hacer daño al cónyuge— es que en la mayoría de los casos se actúa más desde el impulso que desde la razón. Al no reflexionar en el malestar que se estaba produciendo en la pareja original y, lo que es aún más delicado, sin reconocer los errores cometidos hacia ella, se pierde la posibilidad de generar un cambio interior, un impacto en la misma y, después, una decisión más sólida para terminar o continuar.

Otro ejemplo en este sentido sería recibir un reconocimiento positivo, ya sea por tu grupo social y laboral o por ti mismo al comenzar a tener ingresos superiores a los que estabas acostumbrado. En esta etapa es fácil perder los papeles a través de una seudoautoestima y pensar que lo que te da la pareja ya no es suficiente porque tú eres más, ofreces más o has crecido más.

- Abandonar una relación de pareja motivado por la necesidad:

Cuando en la relación de pareja mis necesidades no están siendo resueltas aparece un malestar que, sostenido en el tiempo, crece hasta volverse intolerable. Si la experiencia de malestar llega a un extremo insoportable ya no se quiere pelear ni discutir con la pareja y surge la necesidad de salir de ahí. Si esta es tu situación, la motivación para que te vayas puede ser tan fuerte que te impulse a moverte. Será importante revisar en qué medida esta tendencia está afectada por una alta dosis de ira que puede ser el combustible que te impulsa a dejar la relación; si este es el caso, es importante que te calmes para tomar la decisión adecuada desde la razón.

Tus necesidades personales y de pareja no resueltas son un motivo válido para terminar tu relación siempre y cuando te hayas entregado a la tarea previa de comentarlo, de negociarlo, de trabajar en tu pareja y aun así descubras que hay poco que hacer. Quizá te identificas con esta categoría, pero aun así no tienes la fuerza suficiente para poder irte, incluyendo casos extremos, como la existencia de episodios violentos. Más adelante veremos cómo lidiar con esta situación, dado que la insatisfacción de las propias necesidades es la razón principal por la que las personas maduras dejan una relación de pareja. Pero antes es importante profundizar en el tema de tus necesidades con el fin de detectar el motivo de tu insatisfacción y comprender el camino de negociación que podría abrir paso a un mejor intercambio con tu pareja o, en su defecto, a la necesidad de dar por terminada esta relación.

Una vez reconozcas, entiendas y atiendas tus necesidades podrás encontrar alternativas para satisfacerlas: algunas por tu parte, otras con tu pareja. La claridad que te brinda la aceptación de tus carencias es un primer paso importante para continuar tu proceso de decisión.

Para darme lo que necesito

Tú tienes necesidades, tu pareja tiene necesidades, tu relación tiene necesidades, y si tienes hijos, ellos también las tienen; ante tanto requerimiento es importante que priorices por dónde empezar y te enfoques en lo más esencial. Si eres como la mayoría de las personas que se sienten insatisfechas en su relación de pareja, es probable que hayas priorizado satisfacer las necesidades de tus hijos e incluso las de tu pareja, y que hayas dejado las tuyas en último lugar. Esta conducta de cuidar a los otros es más característica de las mujeres, quienes han sido educadas en el servicio y en la priorización de lo relacional —las encargadas de preservar los vínculos, evitar los conflictos y facilitar el poder negociar—; sin embargo, muchos hombres, al detectar su insatisfacción en la vida conyugal, descubren que se han negado la sana satisfacción de ciertos requerimientos propios con el fin de no fallar a su pareja, a sus hijos e, incluso, en ocasiones, a sus padres.

Como primer paso —y dada la insatisfacción que experimentas— te pedimos que inviertas el orden y pienses primero en lo que tú necesitas. ¿Qué te comunican como pasajero de un avión si en el trayecto se presenta un cambio de presión? La indicación precisa es que primero te pongas la mascarilla de oxígeno, para que, una vez asegurado tu bienestar, puedas ayudar a los demás. Esto se aplica a la situación de crisis amorosa por déficit de satisfacción: ¡primero tú!; esta actitud puede hacer posible que aumenten las opciones de recuperar tu relación.

No se trata de ser egoísta; lo que a veces ocurre, cuando uno ha dejado de prestar atención a sus requerimientos, es que, al empezar a atenderlos, se vive con culpa y cierta ansiedad por pensar que algo se está haciendo mal. Aun así, te recomendamos que en primer lugar atiendas tus necesidades.

Descuidarte te puede producir un sentimiento de desesperanza, resentimiento y rechazo hacia ti y hacia tu relación. El tiempo pasa factura a este descuido personal; de ahí la importancia de pensar en ti y comenzar a hacerte cargo de tu bienestar.

Tres pasos para avanzar

Hagamos de este ejercicio una práctica cotidiana y, si es posible, una práctica conyugal:

1) **Reconocer que tienes necesidades.** Una vez reconozcas tus necesidades y permitas que estén ahí ya no te generarán más molestias mientras tratan de llamar tu atención. Si puedes escuchar y atender lo que necesitas, eventualmente la frustración se desvanecerá y seguramente te sentirás mejor. Cuando ignoras tus necesidades o las sitúas al final de una lista de prioridades y las pospones para un día que nunca llegará, surge el resentimiento, la depresión o la ansiedad. Identificar claramente lo que necesitas en cualquier área de tu vida puede ser el paso más determinante para activar la mejoría de tus condiciones de vida y de tu relación conyugal. Del mismo modo, cuidarte te coloca en un camino seguro que te ayudará a definir lo que corresponda respecto a la decisión que deseas tomar.

4) **Aprender cómo y dónde puedes satisfacer tus necesidades.** Muchas personas esperan que su pareja satisfaga todas sus necesidades, lo cual es romántico pero irreal. No olvides que hoy se pide a una pareja que cumpla con lo que antes proporcionaba toda una tribu. ¿Cómo saber a dónde ir para satisfacer tus necesidades?

El mejor lugar para comenzar a buscar está dentro de ti. Después, le puedes pedir a otros que te ayuden a solventar algunas de ellas.

5) **Aceptar qué sí y qué no vas a obtener en tu relación.** Quizá ya hayas intentado varias veces que tu pareja satisfaga alguna necesidad y no lo has logrado; es probable que él o ella no te lo pueda dar. En este caso, tus opciones serían: dar un paso atrás y comunicar tu necesidad más claramente, o aceptar que tu pareja no tiene la capacidad de satisfacerla. Una vez tengas esto claro podrás valorar si puedes vivir sin ello, si lo puedes compensar o si requieres dar marcha atrás en tu relación. Recuerda que los amigos siempre son de ayuda como complemento de la vida y que cubren algunos requerimientos; lo mismo podemos decir de algunos miembros de tu familia cercana. Tampoco dudes en consultar a un profesional que valore cómo te hallas en lo tocante a tu satisfacción personal.

Cerremos este capítulo cuestionando cuáles son las motivaciones que has experimentado y así continuar: ¿son motivaciones basadas en el deseo? ¿O surgen desde la necesidad?

Hasta aquí has avanzado en el reconocimiento de la existencia de necesidades que debes satisfacer, a nivel personal y a nivel conyugal. En el siguiente capítulo recorreremos uno a uno los estadios que te hemos presentado y valorarás de manera puntual el grado de insatisfacción que experimentas, la posibilidad de solventarlas conservando tu relación de pareja o, por el contrario, la importancia de cerrar tu vínculo de manera oportuna para poder tener una mejor calidad de vida y así conquistar un bienestar integral.

CUADRO DE VALORACIÓN

Reconociendo tus deseos y necesidades

A. TRABAJO INDIVIDUAL

1.	¿Percibes en ti un malestar indefinido pero no eres capaz de detectar cuáles son tus necesidades?	sí	no
2.	¿Has dejado a un lado tus necesidades personales por satisfacer las de tu pareja y las de tu familia?	sí	no
3.	¿Te cuesta trabajo reconocer que estás necesitado?	sí	no
4.	¿Te cuesta trabajo pedir eso que necesitas?	sí	no
5.	¿Has pretendido que tu pareja se haga cargo de necesidades tuyas que hoy te planteas si te corresponde a ti satisfacer?	sí	no
6.	¿Careces de amistades, relaciones o redes que te ayuden a satisfacer tus necesidades?	sí	no

B. TRABAJO DE INTROSPECCIÓN

Reflexiones

Conclusiones

4. EVALUANDO TU SITUACIÓN

La adversidad no construye el carácter:
la adversidad deja ver el carácter.
SANDY DAHL

Se necesita valor para empujarse a lugares
que nunca has estado antes...
para poner a prueba tus límites...
para romper barreras.
Y llegó el día cuando el riesgo que corría
por quedarse firme dentro del capullo
era más doloroso que el riesgo
que corría por florecer.
ANAIS NIN

Identificar la existencia de tus necesidades personales y las de tu vida de pareja es la puerta de entrada a una valoración más exhaustiva de tu situación actual. Los requerimientos que valoras para tener una vida equilibrada, rica y satisfactoria te dan la pauta de lo que esperas y necesitas de tu compañero.

Es importante reconocer que la vida de pareja nunca está exenta de problemas, pero distinguir cuáles de esos problemas son manejables y cuáles no tienen salida, así como el efecto de los mismos en tu persona, en tu relación y en tu familia, es la clave para una adecuada decisión.

Problemas con solución, problemas sin solución

El doctor John Gottman ha estudiado durante años a infinidad de parejas de diferentes edades, religiones, razas y contextos socioeconómicos. Para sus investigaciones realiza un seguimiento de las parejas a lo largo de varios años de la vida conjunta de estas a fin de analizar tanto las situaciones que favorecen su permanencia en la relación como los factores que impulsan la desintegración de la misma.

Los resultados reflejan que el deterioro de las relaciones amorosas —que, por lo general, empiezan con un alto grado de positividad— correlaciona con el desgaste sostenido ante la imposibilidad de resolver situaciones problemáticas: las interacciones permeadas por la crítica, el desprecio y las actitudes defensiva y evasiva desgastan la comunicación, aumentan la frustración, incrementan el conflicto y generan distancia entre los miembros de la pareja. Surge así un ambiente cada vez más negativo que imposibilita llegar a acuerdos oportunos y constructivos para cada uno de ellos y para la relación.

Por otro lado, Gottman ha descubierto que los problemas conyugales se dividen básicamente en dos categorías: los que tienen solución y los que no. Los primeros pueden resolverse o no y los segundos no se resuelven jamás: se manejan, se gestionan y, mediante negociaciones y acuerdos, dejan de generar deterioro en la relación, sin dejar por eso de estar siempre presentes en la vida de la pareja.

El investigador señala que la mayoría de los problemas en este sentido —el 69%— son irresolubles; eso no significa que no se puedan afrontar y conseguir que no interfieran destructivamente en la relación de los cónyuges, pero sí implica que estos deben asumir que dichos problemas no van a desaparecer, sino que, por el contrario, acompañarán su vida de pareja a lo largo del tiempo.

Cuando elegimos un compañero amoroso aceptamos de manera inevitable una serie de problemas irresolubles con los que tendremos que convivir. En las parejas inestables o «soñadoras» estos problemas deterioran la relación, pues los cónyuges piensan que podrán convencer el uno al otro de su propia postura, sin darse cuenta de que lo que su pareja defiende tiene que ver con temas profundos que no está dispuesta a negociar.

Los problemas que no tienen solución crean repetidos conflictos porque parten de diferencias fundamentales en las personalidades de los miembros de la pareja, o bien por grandes disimilitudes en las necesidades de sus estilos de vida. Las necesidades, como vimos en el capítulo anterior, son cuestiones personales, pues responden a la historia y construcción de la identidad de cada uno a lo largo de los años.

Gottman compara los problemas irresolubles con una enfermedad crónica con la que hay que lidiar toda la vida. Esto no significa que haya que aguantar lo insoportable, ¡de ninguna manera!, sino que hay situaciones intrínsecas a todas las relaciones —desde sencillas, como la necesidad de puntualidad y de orden, hasta complejas, como el deseo de tener o no tener hijos— que crean diferencias y roces importantes en la vida en común.

Los problemas resolubles se distinguen de los irresolubles en que una decisión adecuada puede hacer que desaparezcan y dejen de representar un conflicto como tal. A diferencia de estos, los problemas que no tienen solución estarán siempre presentes en la vida en común. La dificultad reside en el hecho de que no se negocien bien y desgasten la cotidianidad.

No es fácil diferenciar los problemas resolubles de los que no tienen solución, ya que las discusiones constantes en torno a ellos generan callejones sin salida. Estas discusiones se suelen volver repetitivas y desgastantes, alimentan círculos viciosos y llevan a los miembros de la pareja a afianzarse en posturas irreconciliables y extremas. Llegados a este nivel, la pareja adolece ya de sentido del humor, muestra escasa paciencia y casi nada de afecto: todas las emociones negativas —propias de cualquier tipo de problema— se instalan. A medida que avanza el círculo vicioso empezamos a ver a nuestro compañero como un enemigo, nos sentimos solos y el conflicto se enquista. Ante la imposibilidad de llegar a acuerdos, así como de poder conversar y resolver la situación, la pareja comienza a distanciarse cada vez más.

Para Gottman, tanto los problemas resolubles como los irresolubles, si no se gestionan bien, pueden convertirse en problemas estancados que deterioran la relación. La dificultad no estriba en los problemas en sí mismos —como hemos comentado, los problemas en la vida de pareja son inevitables—, sino en el hecho de que se estanquen y se queden permanentemente dentro de la relación.

Quizá una manera de distinguir los problemas que tienen solución de los que no la tienen pasaría por observar las agendas ocultas que poseen los segundos. Los conflictos irresolubles, que por lo general se estancan, conllevan aferrarse a un ideal y la preservación del mismo: una necesidad profunda, una conquista a la cual no se quiere renunciar, un valor que se quiere defender. Los ideales acarrean una historia tras ellos que lleva a las personas a ser quienes son, a construir su identidad.

Los anhelos que subyacen tras los ideales profundos son delicados, se defienden a «capa y espada», por lo que los individuos necesitamos sentirnos a salvo con nuestra pareja para poder gestionarlos. Si no nos percibimos fuera de peligro, tomaremos una decisión más firme e inflexible acerca de su manejo, es decir, nos mantendremos rígidos en una postura innegociable y radical. Por ejemplo, a veces discutimos por dinero cuando lo que realmente estamos defendiendo es un ideal de libertad. Lo mismo sucede en el caso de cuestiones como la puntualidad o el orden, que pueden tener para nosotros significados relacionados con el amor, la seguridad o la independencia. En las discusiones motivadas por los problemas irresolubles se defienden valores de autonomía, de equilibrio, de igualdad, de libertad...

Antes de tomar la decisión de marcharte o quedarte, pues, es necesario —si aún no lo has intentado—, buscar la manera de hablar con tu pareja sobre las emociones y sentimientos ocultos, así como sobre los ideales y deseos más profundos que se esconden tras cada diferencia que os lleva a discutir y distanciaros en la relación. Recuerda que una exigencia o una discusión a causa de los problemas irresolubles siempre conlleva otro significado que suele ser un anhelo personal o un sueño muy importante que se encubre tras el conflicto.

¿Conoces tus deseos más profundos? ¿Sabes cuáles son los anhelos básicos de tu pareja? ¿Podrías dejar de pelear y discutir por asuntos triviales y reconocer lo realmente importante para cada uno? ¿Valorarlo? ¿Negociarlo? A veces este paso se inicia con la simple toma de conciencia de esta realidad; otras veces se requiere un mediador, un *coach*, un terapeuta que proponga un entrenamiento para facilitar este tipo de conversaciones. Además, hay una regla básica en relación con todo ello: basta que uno de los dos miembros de la pareja piense que el problema que deben afrontar es irresoluble para que lo sea de verdad.

Muchas parejas, al enfrascarse en una defensa aguerrida de sus posturas unilaterales, renuncian a sus ideales y a sus valores más profundos con el fin de preservar la relación amorosa. Dicha renuncia no puede llevar a la pareja a un buen fin: tarde o temprano el desencanto y la frustración se apoderarán de toda la vida en común. Por eso es importante prestar atención a estas dinámicas y reflexionar sobre las mismas; de esta manera se podrá descubrir lo más insoslayable que nos constituye como personas, plantearlo y negociarlo. Y es que los anhelos tienen una historia tras de sí, un relato que habla de quiénes somos y qué necesitamos; no son caprichos ni berrinches; hay que entenderlos y, en consenso, darles un lugar.

Desde tu punto de vista, los conflictos de tu pareja pueden parecerte sencillos; sin embargo, la otra persona puede vivirlos o experimentarlos como algo grande y complicado. Sin duda, la perspectiva personal genera diferencias en los ideales y anhelos de uno y otro miembro de la pareja. Ya mencionamos en el segundo capítulo la importancia de entender la visión del otro, la cual está basada en su propia historia, en sus fracasos y en sus logros.

Como señalábamos en párrafos anteriores, tanto los problemas resolubles como los irresolubles pueden estancarse, y su desactivación dependerá de un manejo más o menos adecuado de los mismos, esto es: de la capacidad de diálogo, de la escucha activa, de la empatía con el otro, del respeto mutuo y de la comprensión de ambas posturas para posibilitar llegar a acuerdos. Defender rígidamente «mi trinchera» es un camino seguro para que los problemas se estanquen. Desplazarte de un conflicto estancado a una situación de diálogo marca una gran diferencia en la relación.

¿Hay algo que **aún pueda trabajar?**

Si bien vivimos en una época que promueve las salidas fáciles debido a la imposibilidad de posponer la gratificación y a la incapacidad de tolerar ciertas frustraciones propias de la convivencia, también podemos pensar que es posible lograr aquello que queramos con esfuerzo y determinación.

Esto ocurre en particular si el asunto tiene que ver con la pareja y el amor. Por supuesto, hay situaciones que se pueden trabajar y es algo que merece la pena hacer, ya sean problemas resolubles o irresolubles; sin embargo, hay otras que son insalvables, por lo que se tienen que detectar y reconocer a fin de tomar medidas realistas al respecto. Muchas de las situaciones de pareja que no se pueden solventar tienen que ver con que alguno de los cónyuges no considera la queja del otro como un problema, no entiende por qué le afecta a su pareja y no está dispuesto a hacer algo que mejore dicha situación.

Existen ciertos factores puntuales que indican que una relación tiene buena salud y que hay intervenciones y estrategias que pueden hacerla funcionar; estos factores se denominan condiciones *trabajables*. De igual modo, existen otros aspectos que muestran una baja probabilidad de que la relación funcione en algún momento; insistir en gestionarlos o variarlos será una fuente de tensión, frustración e infelicidad: estos factores son condiciones *no trabajables*.

Como hemos comentado, en términos generales, si ambos miembros de la pareja quieren que la relación funcione y están dispuestos a trabajar por ello con conciencia y determinación, comprometiéndose responsablemente en lo que implica resolver y manejar sus conflictos y diferencias, podrán lograrlo. Pero sabemos que no es frecuente que los dos experimenten el mismo malestar que motiva el deseo de cambiar, y por tanto no siempre observan la situación de manera similar. Así, resulta habitual que uno de los dos viva una situación límite y proponga el cambio, mientras que el otro la minimice y evite o sabotee la transformación.

Sin embargo, existe una tercera opción, y hay que saber detectarla: hay ocasiones en las que ambos miembros de la pareja desean hacer algo por intentar que mejore su situación, pero esta, o la estructura de la personalidad de alguno de los dos, o el contexto en que se mueven, carece de los ingredientes necesarios para mantener la relación a flote. En este sentido, es muy oportuna la frase de san Agustín que afirma: «Señor, concédeme serenidad para aceptar las cosas que no puedo cambiar, valor para cambiar las cosas que sí puedo y sabiduría para reconocer la diferencia». Si tuviéramos que matizar alguna precisión a esta sabia plegaria, consistiría en aclarar que aceptar no es aguantar, sino integrar la imposibilidad de mantener lo que ocurre, así como tomar la determinación de abandonar cuando una situación resulta nociva o perjudicial.

Pero ¿cómo distinguir las condiciones trabajables de las que no lo son? He aquí una cuestión relevante dentro de lo que pretendes encontrar mediante la lectura de estas páginas. A continuación, dispondremos diversos planteamientos que facilitarán tu deliberación interna y tu acercamiento a una decisión.

Las condiciones trabajables pertenecen a los tres niveles medios de la jerarquía de necesidades —seguridad, amor y estima—, ya descritos en el capítulo anterior. Es importante que, si realizaste una lectura ligera debido a la urgencia de encontrar una solución a tu situación, regreses a los contenidos anteriores y te detengas a reflexionar sobre las características e implicaciones que se derivan de la satisfacción de ese trío de necesidades.

Las condiciones no trabajables se corresponden con las necesidades de supervivencia. Por definición, dicho estado de carencia y escasez hace que no se cuente con los elementos básicos para consolidar una relación lo suficientemente satisfactoria. Por otro lado, si la pareja se sitúa en el otro extremo, es decir, en el nivel de la autorrealización, estamos hablando de una pareja altamente funcional que tiene sus necesidades básicas satisfechas y que seguramente posea los elementos necesarios para sortear y negociar las dificultades, tanto resolubles como irresolubles, que surgen en los tres intervalos medios de necesidad.

A continuación, revisaremos los tres niveles intermedios correspondientes a las necesidades de seguridad, amor y estima y plantearemos unas preguntas concretas que te permitan reflexionar sobre la posibilidad o imposibilidad de trabajar en cada una de ellas. Una respuesta auténtica, que surja tanto de tu deseo e intención como de los posicionamientos que observes en tu pareja, posibilitará que cuentes con un panorama certero de lo que podrías hacer.

Lo que necesito ahora

Susan Pease Gadoua, terapeuta de pareja y especialista en mediación, propone valorar la situación a través de las siguientes tablas. Cada una presenta un bosquejo más detallado de lo que debe estar presente en una relación de pareja para que esta funcione a lo largo de los diferentes niveles de necesidades; también contarás con una descripción de los posibles escenarios trabajables, así como del tipo de intervención que se necesitaría para convertir una situación no trabajable en una opción más fácil de manejar.

Te sugerimos que señales en estas tablas el área que corresponda a tu situación. Si consideras que dicha necesidad no es un tema de conflicto para ti, salta ese renglón y continúa con el siguiente:

NECESIDADES DE SEGURIDAD			
NECESIDAD	Trabajable	Trabajable con intervención, si ambos están dispuestos	No trabajable
CONFIANZA	Existe confianza mutua	Confianza rota	Falta de confianza
HONESTIDAD	Existe honestidad	Honestidad mermada	Deshonestidad patológica
SEGURIDAD mental, emocional, física y económica	Sentido de seguridad	Deseo mutuo de crear un entorno seguro	Falta de seguridad de algún tipo
COMUNICACIÓN	Buena en general	Algo de comunicación pero deficiente	Falta de comunicación
CUIDADO	Preocupación el uno por el otro	Algo de preocupación el uno por el otro	Falta de preocupación el uno por el otro
AMABILIDAD física, verbal, emocional, mental y sexual	Bondad general en el trato a todos los niveles	Niveles moderados de abuso mental o verbal	Abuso extremo en lo físico, sexual, emocional, verbal y/o mental

NECESIDADES DE AMOR			
NECESIDAD	Trabajable	Trabajable con intervención, si ambos están dispuestos	No trabajable
AMOR	Mutuos intercambios amorosos	Una base suficiente de amor correspondido	Ausencia de amor mutuo
LEALTAD	Lealtad	Fallos de lealtad	Deslealtad repetida y sin remordimiento
INTERESES COMPARTIDOS	Suficientes intereses compartidos	Algunos intereses compartidos	Intereses no compartidos
COMPROMISO	Compromiso por parte de ambos hacia la relación	Uno o ambos miembros de la pareja se sienten inseguros sobre su compromiso por la relación	Uno o ambos miembros de la pareja carecen de compromiso por la relación
COMPAÑERISMO	Compañerismo recíproco	Relación más recíproca que unilateral	Relación unilateral

NECESIDADES DE ESTIMA			
NECESIDAD	Trabajable	Trabajable con intervención, si ambos están dispuestos	No trabajable
ESTIMA	Autoestima y estima por tu pareja	Baja autoestima tuya y poca estima por tu pareja	No hay autoestima ni estima por tu pareja, y no hay deseo de cambiar
RESPETO	Respeto mutuo	Una base suficiente de respeto	Falta de respeto
METAS COMUNES	Suficientes metas en común	Algunas metas en común	Ninguna meta en común
VOLUNTAD DE TRABAJAR POR LA RELACIÓN	Por parte de ambos	Resistencia por parte de alguno	Falta de voluntad categórica de uno o de ambos

Reconociendo por dónde voy…

Después de analizar las necesidades de los tres niveles medios de la propuesta de Maslow, necesitas entender cómo funciona tu relación y saber si vale la pena seguir trabajando para que mejore. Como hemos comentado, es importante descubrir lo que necesitas, y de qué manera obtenerlo, así como lo que puede obstaculizar que satisfagas tus necesidades.

Tras realizar el ejercicio anterior podrás averiguar cuál de las tres columnas de las tablas de necesidades es la que has señalado con mayor frecuencia:

1) La primera columna de aspectos trabajables plantea un escenario donde es bastante probable salvar la vida en común. Ubicarte en este primer nivel de conflictividad implica que hay situaciones de pareja que se están gestando, pero que no han llegado a un punto de irreversibilidad por haber sido detectadas y abordadas a tiempo. Las probabilidades de solución aumentan si ambos miembros de la pareja están de acuerdo en el malestar que se ha generado entre ellos y aún se sienten motivados para hacer lo que se requiera para mejorar. Es probable que no sea necesaria la ayuda de un profesional; tal vez reconocer la situación, mantener una buena comunicación o la lectura de algún texto, entre otras cosas, puedan facilitar una posible negociación. De cualquier modo, una consulta para revisar la ruta que se va a emprender para solventar los tropiezos que te causan malestar siempre es una buena medida.

2) Si sobre todo has señalado la columna del medio, se abren opciones de continuar en tu relación, siempre y cuando haya intervenciones oportunas para resolver las carencias que experimentas y manejar los problemas que

se afrontan como pareja. Cabe mencionar que la ayuda de un profesional sería adecuada, pues el hecho de que ambos se empeñen en gestionar bien las cosas aumenta las probabilidades de éxito por encima de trabajar de manera unilateral y, probablemente, desacoplada. Sin embargo, no puedes descartar la posibilidad de abandonar la relación si los intentos de cambio no tienen un efecto positivo en la dinámica conyugal, o bien si tu pareja se niega a aceptar el problema y a trabajar de común acuerdo para poder transformar la relación.

3) Si la columna de la derecha ha sido la más señalada, el pronóstico de continuar la relación es poco probable; pareciera que estás enfrentando situaciones difíciles con poca o ninguna intención por parte uno, o de ambos, de trabajar en ellas. Es posible que alguno de los dos ni siquiera considere que existe un problema, o bien que se engañe diciendo que va a cambiar. En tal caso, quizá la decisión de ponerle fin sea lo más saludable. Sin duda puedes probar, si eres consciente de las vicisitudes, a hacer algunos intentos de cambio con ayuda y bajo supervisión profesional, por si algo se transforma con tu esfuerzo, pero si dichas tentativas no ofrecen posibilidad alguna de mejora en un breve periodo de tiempo, no tiene sentido continuar luchando por algo que difícilmente logrará la transformación de la relación. Mantenerte estoicamente para continuar una relación tan carente de los elementos necesarios para que subsista hará que el conflicto aumente, lo que podría poner en riesgo la integridad de uno o de ambos miembros de la pareja. ¡Por no hablar de tu desgaste y frustración!

Definir el nivel en el que se encuentra tu relación te puede ayudar a entender por qué te sientes insatisfecho y vacío, o bien por qué quieres marcharte. Del mismo modo, comprender tu situación actual te puede ayudar a reflexionar sobre las razones por las cuales aún deseas quedarte.

Aunque en la mayoría de las relaciones amorosas las personas dan por hecho que sus necesidades básicas de supervivencia, seguridad y amor serán satisfechas, esto no es así; cuando empiezan el malestar o los problemas es importante averiguar cuál de ellas está siendo olvidada o poco atendida.

Como se ha comentado, no es necesario que tu pareja satisfaga todas y cada una de tus necesidades. Sin embargo, existen ciertos requerimientos básicos que indiscutiblemente deben estar presentes y solventarse para que valga la pena continuar la relación. Si tu pareja no consigue satisfacer casi ninguna de ellas y además te causa problemas permanentes y un estrés creciente, deberías examinar tus motivos para seguir con ella y cuestionar si realmente son las razones correctas. Que una pareja funcione requiere de la voluntad de dos personas, pero para ponerle fin basta con que una de ellas no quiera continuar. Además, las relaciones buenas merecen que se trabaje por su continuidad, pero las malas no.

No se trata de «tirar la toalla» a las primeras de cambio, sino de ubicarte en una realidad que te permita reflexionar sobre si aún quedan asuntos trabajables que hayas podido obviar —por ignorancia, por comodidad, por enfado, por dependencia—, y cuyo reconocimiento y manejo ha llegado, o bien si estás aferrándote a falsas ilusiones y gastando tu energía en una relación que no va a ninguna parte.

Escucha lo que dice tu mente, abraza la sensación interna que va desgranando la posibilidad que se aproxima. Acepta lo que estás experimentando, respira y cólmate de una paz básica que te permita continuar para lograr tomar una decisión. Aún no es momento de actuar, sino de aclararte y aceptar lo que vas visualizando. Recuerda que vas paso a paso...

CUADRO DE VALORACIÓN
Evaluando tu situación

1.	La confianza que requieres para vivir con tu pareja ¿es difícil de recuperar?	sí	no
2.	¿Cada vez hay menos muestras de honestidad por parte de tu pareja?	sí	no
3.	En general, ¿te sientes inseguro con tu pareja?	sí	no
4.	¿Consideras que la comunicación que sostienes con tu pareja es pobre o inexistente?	sí	no
5.	¿Te sientes poco cuidado por tu pareja?	sí	no
6.	¿Son escasas o nulas las demostraciones de amabilidad que tiene tu pareja contigo?	sí	no
7.	Siendo honestos, ¿afirmarías que el amor que queda entre ambos es escaso?	sí	no
8.	¿A menudo te sientes traicionado por tu pareja?	sí	no
9.	¿Sientes que entre tu pareja y tú hay una brecha de afinidades en cuanto a intereses y valores?	sí	no
10.	¿A tu pareja le falta compromiso con la relación?	sí	no
11.	¿Tu pareja suele ser poco compañera y eso hace que te sientas solo?	sí	no
12.	¿Sientes poca estima por tu pareja?	sí	no
13.	¿Tu pareja siente poca estima por ti?	sí	no
14.	¿Son frecuentes las faltas de respeto en la relación?	sí	no
15.	¿Carecéis de un proyecto de vida en común?	sí	no
16.	El deseo de trabajar por la relación ¿está ausente en uno de los dos o en ambos?	sí	no

B. Trabajo de introspección

Reflexiones

Conclusiones

5. PROFUNDIZANDO EN ALGUNAS SITUACIONES DE RIESGO

> Que no exista una buena razón para quedarse
> es una buena razón para marcharse.
>
> ANÓNIMO

Hasta el momento, hemos recorrido contigo un camino que te ha permitido reconocer la ambivalencia de la indecisión de continuar o terminar una relación amorosa. También hemos señalado algunos elementos que han posibilitado que entiendas tu relación presente, así como las razones por las cuales elegiste a tu actual pareja. Hemos atravesado contigo el proceso que implica distinguir tus necesidades, validarlas y descubrir aquellas que no han sido lo suficientemente satisfechas por ti o por tu relación.

¿Y por qué hacemos hincapié en satisfacer las necesidades de manera suficiente y no absoluta? Porque, como hemos comentado, nadie puede ni es responsable de solventar por completo las necesidades de otro. Huelga decir que el amor adulto siempre nos dejará algo insatisfechos o nos frustrará de algún modo, pues es imposible saciar todos los requerimientos al cien por cien. Acaso tal expectativa no represente más que la expresión de un anhelo infantil de tener a alguien con plena dedicación para uno mismo, en vez de desear compartir una vida adulta. ¡Ni siquiera las madres pueden satisfacer todo el tiempo las necesidades de sus hijos!

He aquí la importancia de reflexionar sobre el tipo de demandas y requerimientos que planteamos a nuestra pareja: ¿son adultas?, ¿son maduras?, ¿corresponden a una relación entre iguales?, ¿exigimos más?, ¿o puede que menos? Quizá regresar a las tablas del tema anterior te permita confirmar estas preguntas, así como prepararte para la lectura del presente capítulo, que facilitará que te vayas definiendo en cuanto a tu relación.

A continuación, describiremos puntualmente algunas situaciones peligrosas que conviene revisar de manera rigurosa por el impacto brutal que pueden suponer para la vida de las personas y para la relación de pareja.

Para continuar el camino…

Como hemos comentado, la vida en pareja atraviesa un sinfín de problemas individuales y en común. Los problemas son parte cotidiana de la vida y hay que saber manejarlos para superarlos y que no supongan una traba para la convivencia amorosa. En ocasiones, la imposibilidad de tratarlos de una manera oportuna y constructiva impregna todos los intercambios de la vida en pareja, generando un malestar permanente que deteriora la relación y creando un clima continuado de insatisfacción entre los cónyuges.

Pero más allá de estos asuntos cotidianos, cuya gestión más o menos oportuna o inadecuada implicará el subsiguiente grado de malestar y desgaste —que puede llevar, sin duda, a la ruptura—, existen otros asuntos particularmente delicados que generan circunstancias de vida complicadas. A veces la pareja se habitúa a ellos, ignora los supuestos riesgos y minimiza el impacto que tienen en cada miembro que integra la familia. Las situaciones a las que nos referiremos pueden llegar a darse en algún momento particular de la vida amorosa, pero en la mayoría de los casos se van gestando a lo largo de la convivencia, instalándose al final en el intercambio cotidiano de la pareja.

Es importante que valores si alguna de estas vivencias extremas forma parte de tu vida de pareja y si reconoces el influjo permanente de las mismas en tu persona, en tu bienestar y en la calidad de tu relación. Insistimos en que a veces minimizamos o ignoramos estos eventos o circunstancias por considerar que no podemos hacer nada respecto a ellos. Pensamos que se deben a la naturaleza de nuestro cónyuge o a su estilo de carácter, e incluso los normalizamos por haber sido parte de nuestra propia historia familiar, sin reconocer su influjo en nuestro día a día. Reflexionemos sobre cada uno de ellos.

Infidelidad

El tema de la infidelidad se ha abordado casi siempre desde una perspectiva simplista, moralista y lineal; la explicación que se da de la misma suele caracterizarse por la existencia de un villano y una víctima. Esta descripción generalmente se basa en parámetros morales de bondad y maldad, en una visión positivista del mundo donde toda causa tiene un efecto y en perspectivas puritanas en las que la sexualidad se contempla como algo sucio, vulgar y animal.

Si nos quedamos con esta visión tan cuadriculada no podremos explorar preguntas esenciales que revisan las motivaciones que impulsan esa conducta, las fuerzas del contexto que la propician y todos los factores que intervienen para que se consume.

Somos seres contradictorios, ambivalentes y, en cierto sentido, incongruentes, en particular en lo referente al amor, ya que queremos una cosa y a veces también la contraria. Esto no quiere decir que los acuerdos que se adoptan en pareja puedan ser violados a cualquier precio, pero sí que la monogamia no consustancial al ser humano y, por tanto, hay que revisar la decisión —implícita o explícita— de vivir una exclusividad sexual con la pareja para comprender las motivaciones que llevaron a romper dicho acuerdo.

El primer tabú que queremos desmantelar es que, si bien la infidelidad va muchas veces de la mano de conductas de abuso, maltrato, negligencia, venganza y desinterés, en otras ocasiones incluye más aspectos que el simple hecho de la maldad, la patología y la inmadurez. Sin duda, los efectos de una infidelidad son hirientes y difíciles de reparar, pero insistimos en que es necesario comprender las diversas motivaciones que llevan a este acto a fin de valorar si un evento de este tipo puede ser una causa para terminar con tu relación o si, por el contrario, esta tiene posibilidades reales de salir airosa.

Si nos apoyamos en los datos estadísticos podemos afirmar que, a pesar de que un 95% de las parejas sigue casándose con el acuerdo tácito o expreso de guardarse mutua fidelidad, la realidad —como comentábamos— se caracteriza por la contradicción: la gente quiere ser fiel, pero no siempre lo consigue; pide fidelidad, pero no siempre la respeta; y, como máxima expresión de incongruencia, suele ser permisiva con sus propios deslices, mientras que se muestra intransigente con los de su pareja. Al parecer, en los países occidentales una media de entre un 60 y un 80% de los hombres y de entre un 40 y un 45% de las mujeres han sido infieles.

Es infiel quien tiene o mantiene una experiencia erótica y/o afectiva con alguien que no es su pareja formal, siempre que entre los miembros de la misma exista un acuerdo tácito o explícito de exclusividad emocional y sexual. En la infidelidad, uno de los dos continúa creyendo que el acuerdo sigue en pie, mientras que el otro lo rompe en secreto. La relación extraconyugal puede ir desde un vínculo emocional no sexual, que contenga los elementos de atracción y sobre todo de secreto, hasta la experiencia esporádica o continua, con o sin vínculo emocional, del ejercicio de la sexualidad. Hay quienes, para ser más rigurosos, hacen una distinción entre la infidelidad y un enamoramiento alternativo. La primera no siempre implica un enamoramiento alternativo, ni este conduce forzosamente a la infidelidad. Es decir, lo uno no siempre conduce a lo otro, si bien en ocasiones se dan los dos. Hay personas que no consideran que el enamoramiento alternativo sea una infidelidad por el simple hecho de que se no haya producido intercambio sexual alguno.

Si bien la diferencia entre hombres y mujeres se ha ido acortando con el paso de los años, en general ellos y ellas presentan distinciones notables al intentar correlacionar ambas variables: los hombres tienden a ser más infieles, sin que ello implique la existencia de un enamoramiento, mientras que las mujeres necesitan, en general, involucrarse más de modo afectivo para llevar a cabo la infidelidad.

Son diversas las motivaciones que provocan que una persona cometa una infidelidad:

1) Motivaciones individuales. Se refieren a asuntos personales que poco tienen que ver con la pareja. Los aspectos que propician la infidelidad se gestan desde las tareas pendientes personales —desde no haber vivido ciertas etapas previas de desarrollo, hasta patrones de vida familiar que se repiten de generación en generación—. La persona que comete la infidelidad trata, a través de la misma, de reasegurarse, compensar una decepción, o bien demostrarse a sí misma que es atractiva y seductora. En ocasiones, el infiel busca satisfacer anhelos de autodescubrimiento o libertad, o bien llenarse de vitalidad tras una pérdida importante. Un intento de solución de ese tipo pone en riesgo la relación de pareja y no siempre logra resolver la carencia o la necesidad personal. En algunos casos la historia familiar pesa: una aventura de los padres, que supone el «modelo» de un patrón de evitación de conflictos o de roles de género, también se puede repetir, con la intención más o menos consciente de «reactuar» una historia familiar que fue traumática para darle un mejor final.

Asimismo, hay personas cuya «necesidad sexual» es un tanto mayor que la de su pareja; en ese caso, valdría la pena valorar si se trata de un tema que se pueda trabajar y negociar. Muchas veces esta razón es un pretexto para ser infiel: en términos generales, un hombre puede considerar necesidad tanto la urgencia de un coito como un déficit en la frecuencia deseada o incluso la negación a ciertas prácticas que la pareja no acepta. En cambio, la mujer requiere de un déficit sexual importante —tanto en calidad como en cantidad—, así como de una frustración orgásmica considerable para llevar a cabo una infidelidad por esta razón. En ocasiones representa únicamente una necesidad de afecto encubierta.

Hay quienes a través de la infidelidad pretenden confirmar una preferencia sexual diferente. En situaciones extremas se observan casos de patología que reflejan una notoria adicción sexual, prácticas perversas y narcisismos exagerados.

2) Motivaciones relacionales que se dan al interior de la pareja. Cuando los miembros de la pareja no pueden comunicar honestamente lo que está pasando, las decisiones se empiezan a tomar por separado y la relación empieza a basarse en supuestos erróneos y malas interpretaciones: terreno fértil para una infidelidad.

Es habitual que con la infidelidad se imposibilite la intimidad y que esta conduzca a la decepción, el enfado y la sensación de vacío más allá de la práctica del sexo. Al hablar de intimidad nos referimos al establecimiento de una comunicación clara y eficiente con la pareja, intercambio que incluye desde aspectos banales hasta situaciones vitales profundas. La intimidad implica estar disponible para el otro, cuidarlo, alentar, dar y recibir. Cuando esto no ocurre se abre una distancia emocional que genera soledad dentro de la relación. En esta situación, la insatisfacción sostenida conduce a una infidelidad que refleja la dificultad de comunicar los propios deseos e intereses así como de entender los de la pareja.

En las infidelidades que tienen motivaciones relacionales, lo que se pretende a un nivel más o menos consciente es:

- reactivar la relación y trabajar en ella para resolver el distanciamiento que se ha gestado
- mantener con la infidelidad una relación que explícitamente no se puede gestionar o negociar para lograr un equilibrio; en algunos casos hay un acuerdo tácito que la permite
- crear con la crisis una puerta de salida para dar por terminada la relación de una manera abrupta.

3) Motivaciones evolutivas. Las infidelidades que se dan por esta razón se deben a las dificultades que tiene un miembro de la pareja para integrar los cambios que implican ciertas transiciones a lo largo de la vida. En general, los cambios generan crisis, desacoples y nos hacen vulnerables. Así, en ciertas etapas del ciclo vital se vehicula la ansiedad mediante una infidelidad. Es habitual que ocurra al inicio de la relación, cuando se establecen los límites de intimidad y compromiso; con la llegada de los hijos, cuando la maternidad puede convertirse en prioridad para la mujer; cuando los hijos se van y se queda el nido vacío; a los 15 o 20 años de unión, cuando empiezan a sentirse demasiado pesadas ciertas renuncias; o bien cuando llega el franco declive de la juventud.

Entender las diversas razones que impulsan a una infidelidad facilita gestionarlas, pero no es justificación para minimizar su impacto traumático y la necesidad de reparación. Del mismo modo, cuando se ha hecho de la infidelidad un estilo de vida sin deseos que cuestionar y sin modificar la propia conducta, se puede pensar en el poco cuidado que se ha tenido con la pareja, que sale perjudicada por dichas traiciones continuas y desconsideradas.

Pero, dando un giro al tema, cabe preguntarse: ¿existe la infidelidad entre personas que se aman o la infidelidad es siempre un indicio de que el amor ya se ha acabado? Ambas premisas pueden ser ciertas. Es difícil que se produzca la infidelidad sistemática entre parejas estables que se aman. Sin embargo, la infidelidad esporádica que se da en determinadas situaciones puede producirse aunque la persona ame a su pareja. Determinadas circunstancias, unidas a ciertas necesidades, pueden conducir a una infidelidad. Sin duda, estas últimas son más fáciles de trabajar que las primeras.

Existen personas que sin dejar de amar a su pareja pueden mantener relaciones sexuales alternativas; la cuestión es si la pareja está de acuerdo con ello, si pueden establecer un contrato mutuo de no exclusividad y si la relación se puede sostener con un acuerdo de estas características. Seguramente lo deseable sería que mientras una pareja se ama y se respeta este fenómeno no ocurriera, pero la realidad es que sucede, y es un tema difícil de gestionar.

El impacto de un *affaire* también varía dependiendo de otros factores:

- Si hay compromiso con la relación pero existe necesidad de algo que se halla ausente en ella.
- Si es esporádica y si se quiere trabajar en el tema para continuar la relación.
- Si, por el contrario, hay ausencia de compromiso con la relación, a la que se suman actos de indiferencia, manipulación y abuso de la pareja, lo cual hace poco probable la posibilidad de cuestionar al infiel y de pedir que se comprometa con esta.
- Si a la ausencia de compromiso se suman la búsqueda utilitaria y frenética de placer con una incapacidad para tolerar y manejar las tensiones propias de una vida en pareja.

Por todo esto es importante que antes de tomar una decisión sobre si abandonar o continuar una relación, entiendas la distinción entre lo que es una infidelidad necesaria para el crecimiento y una infidelidad tóxica e innecesaria que solo genera un intercambio de hostilidad. Para muy pocas parejas una infidelidad descubierta es un asunto irrelevante, y no la viven como una experiencia positiva para el desarrollo de la relación. Todo depende del significado de la misma para quien la comete y de la intención de reparación y enmienda.

Una infidelidad bien manejada puede llevar a valorar el estado del matrimonio, redefiniendo la evolución de la relación de pareja y revaluando lo que es posible y deseable entre los cónyuges. Por eso insistimos en valorar si el evento es constante, cínico y sin remordimiento, o si es una cuestión en la vida de pareja que se tiene que trabajar. El traicionado, por su parte, debe evaluar si puede entrar en un proceso de perdón, que si bien no se da de la noche a la mañana, puede ser trabajado para no albergar un resentimiento que le impulse a echar en cara a la pareja su error.

Si bien la diferencia de género se ha ido acortando a lo largo de los años, en general los hombres y las mujeres presentan notables diferencias en la forma de afrontar ambas variables: los hombres tienden a ser más infieles, sin que ello suponga que exista un enamoramiento alternativo, y las mujeres suelen requerir mayor implicación emocional para consumar la infidelidad. Sin duda, entre las nuevas generaciones estas diferencias han ido desvaneciéndose, porque las mujeres cada vez más actúan conforme al modelo que, hasta hace pocos años, se consideraba característico de los hombres. Antes los hombres dirían: «sé infiel y no te enamores», y las mujeres: «para ser infiel necesito enamorarme», pero esto está cambiando.

Decepciones económicas

Los temas económicos en las relaciones de pareja no son un asunto menor: muchos desencuentros amorosos se gestan a partir de las cuestiones monetarias. Al hablar de dinero nos situamos en un territorio lleno de significados, lo cual hace que negociaciones en el área económica estén basadas en temas de trascendencia —como la seguridad, la igualdad, el poder, la libertad—.

El peso que le damos al asunto del dinero, sumado a la utilidad real que tiene para satisfacer nuestras necesidades, pasa por un mundo de significados que hemos adquirido a lo largo del tiempo —tanto en nuestra experiencia familiar temprana como en vivencias posteriores relacionadas con nuestra inserción en la vida laboral—. No es lo mismo tener una familia de empresarios que venir del ámbito asalariado; no es igual haber vivido situaciones de apremio económico que manejarse en la vida con cierta abundancia material; tampoco es igual haber gozado de situaciones de éxito material o al menos de estabilidad económica, que tener que afrontar situaciones adversas y sufrir carencias.

Todos estos antecedentes tendrán un impacto en la relación de pareja: cada uno administrará el dinero de manera diferente; quizá compartan sus ingresos o tengan cuentas separadas, arriesguen juntos solicitando créditos o bien gasten solo cuando sea posible hacerlo. De estas decisiones —ya sean consensuadas o tomadas de manera unilateral (generalmente por quien tiene más poder económico)— surgirá la sensación de logro común o aparecerán malestares que pueden transformarse en decepciones mayores.

El impacto de lo económico es de tal magnitud que llega a impregnar el mundo de los afectos. Hay quienes manifiestan el amor con regalos materiales y, por tanto, la falta de dinero la viven como descuido y desamor.

Existen algunas actitudes que son particularmente dolorosas y generan desencuentros en la vida de pareja. Es importante valorar la frecuencia y magnitud de las mismas y el impacto en la convivencia conyugal, dado que la decisión de permanecer o terminar con tu relación puede estar muy influida por el peso de este factor. No lo minimices; a veces podemos sentirnos superficiales por dar importancia al tema del dinero: si no eres de las personas que sitúan como primer y único valor lo material, siéntete en paz al saber que los temas económicos son importantes en la estabilidad y bienestar de la vida conyugal. Comentémoslos uno por uno:

1) **Deshonestidad.** El deshonesto se caracteriza por la falta de ética, de rectitud y de transparencia. Alguien que

carece de una actitud honesta tiende a comportarse así en sus relaciones fuera de la vida familiar y con la pareja misma. Sin embargo, hay casos en los que, al abusar del poder que se tiene sobre el cónyuge, se escamotea dinero, tanto de manera subrepticia como a través de la seducción, la amenaza o el chantaje. El tiempo lo pone todo en su sitio, más aún si se trata de asuntos materiales, donde tarde o temprano los recursos pueden escasear. Si se das esta situación, es importante que no pase mucho tiempo como para que la estabilidad financiera de la familia y la confianza en la pareja se vean afectadas.

Si has descubierto los tejemanejes de tu pareja, y los avalas, de alguna manera te vuelves su cómplice, sumado a que, en caso de ruptura, pones en riesgo tu integridad física y tu seguridad material. Si eres de los que han defraudado a su pareja por abuso y mala gestión de vuestros recursos económicos, has de entender que llevará tiempo —y acciones muy concretas— que te devuelva su confianza, ¡si es que aún hay tela que cortar!

Negociar cualquier cosa con alguien en quien ya no se confía es complicado: de ahí la importancia de hablar de datos precisos y acciones concretas que se puedan evaluar. Esto sirve tanto para una reconciliación como para una separación, ya que no se puede poner en riesgo un patrimonio en nombre del amor.

2) **Negocios ilegales.** Todos sabemos a lo que nos referimos al hablar de negocios ilegales. La tensión que se puede vivir en una casa donde el dinero proviene de negocios ilícitos tiene un impacto particular; es como vivir en arenas movedizas, a la espera de cualquier sorpresa, mientras se cultiva un ambiente donde todos pueden romper las reglas y los conflictos se convierten en la norma de la cotidianidad.

El problema se torna complejo debido a las grandes sumas de dinero de que disponen estas familias, como si la abundancia reinante fuera suficiente para minimizar todo lo que se oculta. En ocasiones, la comodidad y la evasión en la pareja son la forma en que se manifiesta gozar de elevados beneficios económicos. A esto cabe sumar que un dinero ganado con poco esfuerzo —y mucho riesgo— invita a un despilfarro familiar que dista mucho del ambiente necesario para crecer de manera íntegra. Sobra mencionar el peligro en el que se pone a cada uno de los miembros de la familia involucrados en este *modus vivendi*.

3) **Juegos de azar.** En las generaciones anteriores la adicción al juego era predominantemente masculina, pero la situación ha cambiado desde que han aparecido los casinos y las casas de apuestas: las mujeres han entrado de lleno en el mundo del juego. Pensamos que esta actividad viene motivada por la depresión, el aburrimiento y el enfado; ¿se puede canalizar el malestar con el cónyuge gastándose el dinero en un abrir y cerrar de ojos? Cuando el hombre es el único proveedor de la casa, el juego sin control pone en riesgo la estabilidad familiar.

Si estás atrapado en una situación de este tipo has de saber que el juego se considera —en situaciones desmedidas— una adicción, por lo cual es importante manejarlo como tal, sea cual sea la decisión que tomes respecto a tu vida conyugal.

4) **Alcoholismo y drogadicción.** Aunque abordaremos el tema de las adicciones a continuación, aquí nos limitaremos a decir que no hay dinero que alcance cuando alguno de los miembros es adicto: no solo porque en términos económicos es muy caro mantener algunas adicciones, sino porque estas generalmente impiden mantener un trabajo estable y ejercerlo de forma cabal.

5) **Esconder el dinero.** Muchas mujeres —la mayoría dependientes económicamente de sus parejas— esconden pequeñas cantidades de dinero para sentir que tienen alguna libertad económica en cuanto a su situación personal: ya sea para darse un gusto, para hacer un regalo o incluso para disponer de él en caso de alguna emergencia que ellas consideren prioritaria.

En lo referente a los hombres, a veces ocultan información del dinero que poseen realmente para evitar que sus mujeres les pidan más o por si lo utilizan en menesteres que para ellos son inadecuados. Además, con esta actitud, algunos pretenden evitar compartir su capital en caso de ruptura.

6) **Tarjetas de crédito.** Parece mentira que en pleno siglo XXI, y con la creciente inserción de las mujeres en el mercado laboral, muchas de ellas aún no dispongan de tarjeta de crédito —y que, si la tienen, esté vinculada a la de su pareja—. Puede parecer sutil el impacto de este hecho, pero que el cónyuge tenga el control y la información respecto del uso que se hace de cierta cantidad de dinero resta autonomía. Sobra decir que, en caso de separación, muchas mujeres se quedan en una situación de indefensión total, pues además de perder el poder adquisitivo que tenían, difícilmente podrán —al menos a corto plazo— acceder a vías de crédito.

7) **Dinero a cuentagotas.** Este hecho sutil también es causa de muchos sinsabores conyugales. Consiste en que el miembro de la pareja que tiene más disponibilidad económica —generalmente el hombre— proporciona el dinero al otro a cuentagotas: le pide cuentas detalladas, no le proporciona ninguna cantidad hasta que el otro le explica con detalle a qué lo destinará y pospone las fechas de entrega del mismo. Este esquema recrea el

escenario de una víctima y un abusador, donde quien tiene el poder —en este caso económico— se aprovecha del otro en una dinámica humillante.

8) **No involucrarse en las finanzas.** Algunas parejas asumen que hablar de dinero es de mal gusto o implica falta de confianza, así que uno de los miembros de la misma decide no involucrarse en los asuntos financieros del otro. Como consecuencia de esto, uno está excluido y el otro tiene un exceso de responsabilidad. Así las cosas, se excluyen posibles oportunidades de inversión de común acuerdo por parte de la pareja —en caso de bonanza— o soluciones —en caso de escasez—. No hablemos ya de si alguno de los miembros fallece, lo cual deja al otro fuera de lo que haya ocurrido en términos financieros, lo que le dificultará planear su futuro y adelantarse a situaciones de riesgo que podrían surgir.

9) **Control.** No resulta novedoso afirmar que durante generaciones los hombres han tenido el control económico y que esto les ha dado poder para manejar a sus mujeres. En estas circunstancias, separarse tiene para ellas, además de costes emocionales, el de quedar desprotegidas económicamente, más aún si a lo largo de sus relaciones no habían formado parte del mercado laboral. Aparentemente, los roles de género complementarios facilitan la puesta en marcha de una familia: la mujer se hace cargo de la casa y de los hijos y el hombre es el proveedor de lo que necesita la familia para funcionar. A la larga, estos acuerdos implican ciertos riesgos: en el caso de los hombres se produce una sobrecarga y en de las mujeres, una dependencia que le costará caro si quiere terminar la relación.

Si estás en una relación en la que tu pareja controla el dinero, es momento de detenerte a pensar en tu futuro económico antes de dar un falso paso hacia tu seguridad. No estamos diciendo que te quedes con la otra persona por dinero, sino que te prepares para conseguir un trabajo o que inicies un negocio que facilite tu autonomía.

10) **Poder y violencia.** Abordaremos con mayor detenimiento el tema de la violencia más adelante, pero queremos mencionar que el dinero utilizado para controlar a alguien es el preludio a una relación violenta. Muchos hombres ejercen su violencia a través del dinero y algunos, aunque lo hacen, no lo saben. La violencia económica incluye todas las conductas que tengan como finalidad excluir a la pareja de la toma de decisiones económicas y controlar sus gastos; algunas de estas ya las hemos mencionado en puntos anteriores.

Con estos diez tópicos te mostramos diversos asuntos que podrían estar creando malestar en tu relación. Recuerda que no son temas menores, no solo por el impacto que causan en tu vida cotidiana, sino porque tras ellos se juega parte de tu dignidad.

Adicciones

El mundo de las adicciones genera casi de forma automática relaciones caóticas. El consumo de sustancias pone en riesgo la integridad física, el desempeño intelectual y la vida emocional de quien consume, así como de las personas cercanas al adicto.

Si ya es preocupante que nuestra sociedad viva, crezca y celebre con bebidas espirituosas, convivir diariamente con una pareja con ese vicio es estar jugando siempre a la ruleta rusa. Negar que se tiene un problema con el alcohol es el primer indicador de una incapacidad total para solucionar conflictos; minimizar sus efectos, además de las consecuencias corrosivas para la propia persona y para el entorno, imposibilita tener un consumo responsable.

Los patrones más significativos de dicha adicción son los siguientes:

1) Patrón psicológico de uso: estados frecuentes de intoxicación que incapacitan para abandonar o reducir el consumo a pesar de las complicaciones.
2) Desórdenes de conducta hasta el punto de interferir en la salud, en las relaciones sociales, en las relaciones interpersonales y en lo relativo al trabajo.
3) Duración mínima del trastorno de al menos tres meses.
4) Dependencia física evidenciada tanto por la tolerancia como por la abstinencia. Lo que popularmente se conoce como «tener mucho aguante» es un evidente indicio de riesgo.
5) Dependencia psicológica por la sensación que produce su uso.

Por otro lado, el abuso de alcohol tiene un impacto familiar en tanto que genera zozobra y frustración dentro de la pareja y de la familia. Veamos las razones:

1) Es muy difícil conseguir que una persona deje de beber, sobre todo si disfruta haciéndolo o le sirve de ansiolítico.
2) El alcoholismo se ha considerado una enfermedad que, por ende, escapa al control del enfermo. Esta afirmación puede convertirse en una justificación para la inacción y el desvalimiento del alcohólico.
3) Se dice que el alcohol es un hábito social, por lo que el individuo en sociedad requiere cierto grado de consumo.

Al abstemio se le considera triste, débil y descortés.

El alcohol es un problema cuando:

- Si se reduce su consumo o se deja de beber bruscamente, se experimentan molestias físicas y psíquicas tales como: temblor, náuseas, ansiedad, irritabilidad, etc. Se trata de síntomas de abstinencia que desaparecen al ingerir una bebida alcohólica.
- En ocasiones, la persona se esfuerza por beber moderadamente, o incluso intenta dejar de beber por sí misma, pero no lo consigue.
- La persona lo aguanta cada vez más; esto se debe a que el organismo va desarrollando tolerancia hacia esa droga.

¿Qué has de hacer ante esta situación? No te adaptes a la circunstancia minimizando lo que pasa y creyendo que se solucionará por sí sola. No sobreprotejas a tu pareja tapando su problema ni haciéndote responsable de su bienestar. Infórmate sobre lo que es el alcoholismo y cuestiona seriamente si la relación de pareja puede sostenerse si tu compañero no deja de consumir.

La drogadicción, por su parte, es una enfermedad muy particular que puede ser crónica, de larga duración, avanzar muy rápidamente y provocar recaídas. Se caracteriza por el uso indebido de cualquier droga para unos fines que no se corresponden con sus aplicaciones médicas, si es que hay una prescripción a tal efecto. La drogadicción causa problemas físicos, psicológicos, sociales y económicos. El consumo de drogas produce modificaciones en el comportamiento y reacciones que conllevan un impulso irreprimible por tomarlas.

El abuso de sustancias generalmente deteriora o destruye las relaciones amistosas o íntimas: el consumo de drogas se convierte en algo más imperioso que el gusto por la convivencia y la interacción personal. Las drogas generan un estado de bienestar inmediato y de necesidad continua que deriva en que la persona adicta deja de participar en el mundo, abandona metas y planes, olvida su crecimiento personal y detiene su convicción de resolver constructivamente los problemas. Usa el consumo como estrategia de ocultamiento. Del mismo modo, este problema tiene un impacto en las personas que se relacionan con el adicto, como por ejemplo, el gasto económico que implica el consumo puede privar a la pareja y a la familia de satisfacer necesidades vitales, discutir los problemas y situaciones de la adicción puede generar conflictos, las reacciones violentas generadas por las drogas pueden llevar al usuario a cometer asaltos o, peor aún, asesinatos, por no hablar de una interacción permanentemente conflictiva con sus relaciones cercanas: discusiones frecuentes, desinterés sexual, comunicación interrumpida, pérdida de confianza, alejamiento físico y emocional, entre otras cosas.

En relación con el mundo laboral, cuando una persona tiene una adicción suele restarle tiempo a su trabajo para buscar la droga o para recuperarse tras su consumo: acostumbra llegar tarde, ser menos productivo, disminuir la calidad de su trabajo o incluso perderlo. Conseguir y consumir la droga acaba por convertirse en la meta más importante, así que los adictos se vuelven egoístas y egocéntricos, importándoles solo ellos mismos y su consumo.

Si este asunto ya se ha apoderado de tu vida, ya sea por las propias elecciones en relación con tu consumo, ya sea por los efectos que tiene el mismo en tu pareja y en tu vida personal, estás en una situación complicada que has de evaluar muy en serio para ver si merece la pena mantener tu relación.

Violencia

La violencia es el uso de la fuerza y el poder de manera ilegítima para someter o controlar a otros que generalmente se encuentran en un estado más vulnerable en relación con quien somete, ya sea por razones de edad, sexo, fuerza física o parentesco. Este sometimiento utiliza métodos que generalmente causan grave daño físico o emocional sobre quien se ejerce.

El 90 % de la violencia es ejercida por los hombres contra otros hombres, mujeres y niños. Tanto hombres como mujeres podemos ser víctimas de violencia, si bien las estadísticas muestran que las mujeres se llevan la peor parte. A veces se disfraza o minimiza el asunto aludiendo que la pareja tiene un carácter fuerte, que, de forma sostenida en el tiempo es muy probable que se muestre violento.

Si tu pareja te ha amenazado o intimidado, o si te ha empujado o golpeado, no hay duda de que es una persona violenta. Lo ideal en un caso así sería que vieras la manera de preservar tu integridad física, en primera instancia, y tu integridad emocional, a continuación. La mayoría de las mujeres que mantienen su relación con hombres violentos no lo hace por que tenga problemas emocionales o mentales, sino porque el violento anula sus redes de apoyo y se apodera de su energía mental para que no pueda tomar decisiones. ¿Te ha ocurrido algo así? Es como si alguien se metiera en tu mente, invadiera tus pensamientos y midiera todas tus acciones con sus parámetros. El miedo y la dependencia que genera una persona así son muy difíciles de superar sin la ayuda de una red de amigos, de familiares o de un profesional.

Existe un experimento para probar lo difícil que es salir de una dinámica violenta; es una muestra muy cruel que ejemplifica lo que le sucede a una mujer maltratada:

- Metemos a un perro en un cuarto que está dividido por la mitad con un muro de 40 centímetros de altura. En el lado donde se encuentra el perro el suelo tiene un sistema mediante el cual se activa la corriente eléctrica y el perro recibe descargas. El animal, desesperado, busca una salida, brinca la cerca y siente alivio, ya que en la otra mitad del cuarto no recibe la descarga eléctrica.
- Transcurrido un rato, el perro regresa al primer habitáculo, lo que provoca que se encienda de nuevo la corriente y que el perro brinque igualmente al otro lado; si esto se repite varias veces, llega un momento en que ya no es necesario activar la corriente eléctrica para que el perro solo se salte a la otra mitad del cuarto.
- Lo siguiente que se hace es subir el muro casi dos metros y activar la corriente eléctrica. Durante mucho tiempo, el perro intenta saltar la cerca sin éxito. Al cabo de unas horas el animal se da por vencido; se acuesta en el suelo, con lo que la superficie de contacto es mayor y el sufrimiento se incrementa, pero ya no tiene fuerzas para levantarse.
- Acto seguido se baja la cerca a 40 centímetros y el perro ya no intenta pasar a la otra mitad del cuarto. Está exhausto, derrotado y sin ningún incentivo para moverse y alejarse del dolor que le causa la constante descarga eléctrica.

A muchas mujeres que han sido víctimas de violencia de género les sucede algo parecido: como resultado de un condicionamiento violento desisten de toda liberación. Esperamos que nunca llegues a sufrir una situación tan extrema, pero si ya estás en ella es importante que pidas ayuda y consideres seriamente si tu pareja está dispuesta a comportarse de manera responsable para solucionarlo. Una dinámica violenta es compleja de desactivar aun trabajándose concienzudamente y durante tiempo prolongado. Una violencia sostenida, no reconocida y no trabajada es una razón suficiente para romper una relación.

A continuación mostramos una lista de treinta y cinco acciones a observar en ti o en tu pareja para detectar si ya te hallas inmersa en una relación violenta:

1) Insultos
2) Abandono
3) Celos
4) Negligencia
5) Infidelidad como muestra de poder
6) Amenazas
7) Control
8) Ironía
9) Sarcasmo
10) Burla
11) Desprecio
12) Intimidación
13) Abuso emocional
14) Aislamiento
15) Desvalorizaciones
16) Explosiones verbales
17) Gritos
18) Golpes en la pared
19) Lanzar objetos
20) Negaciones
21) Descalificaciones
22) Culpas
23) Manipulaciones
24) Envidia
25) Prohibiciones

26) Abuso sexual
27) Control del dinero
28) Gestos
29) Abuso con los animales
30) Alienación familiar
31) Abuso económico
32) Discriminación
33) Abuso hacia los débiles
34) Hacerte sentir inferior
35) Privilegios masculinos

¡No bajes la guardia! Vivimos en una sociedad patriarcal que no solo acepta, sino que avala, muchas de estas conductas. Una pareja ha de ser un intercambio de amor en la igualdad, no un espacio de temor, dolor y sometimiento. Abre bien los ojos; reconoce si vives una situación de violencia y pide ayuda.

Trastornos de personalidad

Otro asunto difícil de detectar y gestionar son los trastornos de personalidad. Por eso consideramos indispensable describir los signos más visibles de los mismos. Todos tenemos una personalidad que se construye a partir de aspectos genéticos y ambientales: nuestra herencia y nuestras interacciones con el mundo que nos rodea moldean la manera en que pensamos, sentimos y actuamos.

Los trastornos de personalidad pueden definirse como un conjunto de anomalías o perturbaciones que se dan en las dimensiones emocionales, afectivas, motivacionales y sociales de las personas que los padecen. Quienes padecen esta afección muestran rasgos de carácter sostenidos e inflexibles que dificultan la convivencia social y que suelen determinar su vida personal, profesional y relacional. Los trastornos de personalidad impactan en el modo de pensar y de reaccionar de quienes los presentan, impulsándolos a responder de manera rígida e inadaptada a las situaciones particulares de la vida.

Ten en cuenta que todas las personas tendemos a responder siempre del mismo modo ante una situación difícil, si bien en caso de una respuesta ineficaz intentamos encontrar otro camino en pro de una mejor decisión. En contraste, las personas con trastornos de personalidad son extremadamente rígidas y no pueden adaptarse a la realidad ni buscan salidas mejores a los problemas, lo cual debilita su capacidad de responder no solo a estos sino a los desafíos básicos de la vida. Sus patrones desadaptados de pensamiento y comportamiento se hacen evidentes al principio de la edad adulta, o antes, y tienden a durar toda la vida.

Quienes padecen estos trastornos no son conscientes, por lo general, de que su comportamiento o sus patrones de pensamiento son inapropiados; por el contrario, a menudo creen que son normales y correctos y tratan de someter a su entorno a sus parámetros de percepción y acción. Esto es sumamente doloroso y arriesgado para quienes conviven con ellos.

La lectura de esta guía te servirá para estar atento a algunas manifestaciones de tales trastornos y discernir con claridad a la hora de sopesar lo que ocurre en tu relación de pareja. La presencia de rasgos extraños de personalidad en tu compañero te permitirá entender algunas de sus conductas: no se trata de etiquetarlo como enfermo, pero sí de comprender si sus comportamientos van más allá de una respuesta lógica y adaptada a las situaciones que vive.

1) **Personalidad paranoide.** Proyectan sus propios conflictos y hostilidades hacia otros. Son generalmente fríos

y distantes en sus relaciones. Tienden a encontrar intenciones hostiles y malévolas tras actos inocentes y positivos. A menudo las suspicacias conducen a conductas agresivas o al rechazo por parte de los demás. Intentan acciones legales contra otros, especialmente si se sienten indignados. Son incapaces de ver su participación en un conflicto.

2) **Personalidad esquizoide.** Son personas introvertidas y solitarias. Emocionalmente frías y socialmente distantes. A menudo están absortas en sus propios pensamientos y temen la aproximación e intimidad con otros. Hablan poco, son dadas a soñar despiertas y prefieren la especulación teórica a la acción práctica. La fantasía es un modo frecuente de enfrentarse a la realidad.

3) **Personalidad histriónica.** Buscan llamar la atención y se comportan como si estuvieran actuando. Sus formas de expresarse tienen como resultado establecer relaciones con facilidad, pero de un modo superficial. Las emociones a menudo aparecen exageradas, actuadas o infantilizadas para buscar la atención (a menudo la atención sexual). Son proclives a los comportamientos sexualmente provocativos o a sexualizar todas sus relaciones. Sus conductas seductoras a menudo encubren un deseo de protección. Muchos son hipocondriacos y exageran sus problemas para conseguir atención.

4) **Personalidad narcisista.** Tienen un sentido de superioridad y una creencia exagerada de que valen mucho; pueden ser extremadamente sensibles al fracaso y a la crítica y, cuando afrontan un error cometido, pueden ponerse rabiosos o deprimirse. Esperan ser admirados y piensan que todos los envidian. Sienten que merecen que sus necesidades deben ser satisfechas de inmediato y por ello explotan a otros, cuyas necesidades son

consideradas menos importantes. Se muestran egocentristas, arrogantes o mezquinos.

5) **Personalidad antisocial.** En otros tiempos se conocían como psicópatas o personalidades sociopáticas; la mayor parte de estos individuos son hombres. Sus conductas muestran un enorme desprecio por los derechos y los sentimientos de los demás; explotan a otros para obtener beneficios materiales o gratificación personal. Toleran mal la frustración y, en ocasiones, son hostiles o violentos. A pesar de los problemas o del daño que causan, por lo general no sienten remordimientos o culpa. Racionalizan cínicamente su comportamiento o responsabilizan a otros. Sus relaciones están llenas de deshonestidad y engaños. Es frecuente que sean adictos al alcohol, a las drogas, al sexo y a la promiscuidad. Tienden a meterse en líos y a ser encarcelados. Generalmente fueron descuidados emocionalmente durante la niñez, y a menudo han sufrido abusos físicos en sus años de juventud y adolescencia.

6) **Personalidad límite.** La mayor parte son mujeres. Se muestran inestables en la percepción de su imagen, su humor, su comportamiento y en sus relaciones interpersonales, las cuales son conflictivas, tormentosas e intensas. Frecuentemente necesitan ayuda a causa de su depresión, del abuso de alcohol, de la alteración del apetito y el maltrato recibido. Tienden a mostrar una ira inapropiada e intensa. Pueden ser muy impulsivas e implicarse en relaciones promiscuas o en abuso de sustancias tóxicas.

7) **Personalidad evitadora.** Son hipersensibles al rechazo y temen comenzar relaciones ante la posibilidad de no ser aceptados. Demandan recibir afecto y ser aceptados. Sufren por su aislamiento y falta de habilidad para

relacionarse cómodamente con los otros. Ante el rechazo se presentan tímidos y retraídos. Esta personalidad es similar a la fobia social.

Todos los seres humanos, de una u otra manera, podemos presentar algunos rasgos semejantes a los señalados en los diferentes trastornos descritos. La diferencia entre un rasgo de comportamiento y desarrollar un trastorno de la personalidad es la rigidez con que la persona responde a las condiciones de vida, las permanentes alteraciones en el razonamiento y el comportamiento y la facultad de distinguir la realidad.

Seamos cuidadosos para no convertirnos en psicólogos y psiquiatras ambulantes, etiquetando permanentemente toda conducta de nuestra pareja que se salga de lo «normal», pero no dejemos por eso de escuchar esas alertas internas que nos hacen reconocer que algo anda verdaderamente mal en nuestra relación. En caso de que algo te llame la atención porque rebasa la línea sutil de las conductas adecuadas, es importante consultar con un especialista para que te ayude a clarificar tu mente y solicitar una intervención adecuada en caso de tener que tomar una decisión más radical.

CUADRO DE VALORACIÓN

Profundizando en algunas situaciones de riesgo

A. TRABAJO INDIVIDUAL
* Contesta solo las preguntas que correspondan a problemas que estás afrontando. Deja en blanco los recuadros que señalen situaciones que no te afecten.

1.	¿Sufres una infidelidad que consideras esporádica y coyuntural?	sí	no
2.	¿Quieres y puedes desafiar los prejuicios que tienes en torno a la infidelidad para intentar salvar tu relación?	sí	no
3.	La infidelidad, ¿la afrontas con remordimiento y deseo de reparación?	sí	no
4.	¿Quieres perdonar la infidelidad porque consideras que no ha ocurrido desde la prepotencia, la costumbre y el abuso?	sí	no
5.	¿Sufres una crisis económica que consideres esporádica y coyuntural?	sí	no
6.	¿Quieres y puedes desafiar los prejuicios que albergas en torno al problema económico que afrontas para intentar salvar tu relación?	sí	no
7.	¿El menoscabo económico vivido se ha producido siendo consciente del problema y hay un deseo de reparación?	sí	no
8.	¿Deseas superar la crisis económica porque consideras que no ha ocurrido desde la prepotencia, el daño y la persistencia de malos hábitos?	sí	no
9.	¿Hay un problema de adicción en tu vida en pareja?	sí	no
10.	¿Tu pareja está dispuesta a ver el problema del consumo como algo que requiere ser tratado?	sí	no
11.	¿Quieres y puedes hacer un intento por salvar la relación porque sabes que tu pareja estará de acuerdo en que necesitáis un programa de recuperación?	sí	no

12.	¿Hay violencia en tu relación que se haya gestado y sostenido con el paso del tiempo (sea del tipo que sea)?	sí	no
13.	¿Tu pareja está dispuesta a ver el problema de la violencia como algo que requiere ser tratado?	sí	no
14.	¿Deseas hacer un intento por salvar la relación porque sabes que tu pareja está dispuesta a hacerse responsable del ambiente violento en el que vivís?	sí	no
15.	¿Crees que tu pareja padece un trastorno de personalidad?	sí	no
16.	¿Tu compañero está dispuesto a afrontar sus problemas asumiendo que debe ser tratado?	sí	no
17.	¿Quieres y puedes hacer un intento por salvar la relación porque sabes que tu pareja está dispuesta a tratar los problemas que padece?	sí	no

Reflexiones

Conclusiones

6. AFIRMANDO TU VERDAD INTERIOR

> Amar una cosa es estar empeñado en que
> exista, no admitir, en lo que depende
> de uno, la posibilidad de un universo
> donde aquel objeto esté ausente.
>
> J. ORTEGA Y GASSET

Hemos trabajado durante años con parejas en crisis: parejas de diferentes edades, circunstancias y contextos sociales. Muchas de ellas, con el paso del tiempo, han continuado su camino juntas, sorteando diversos obstáculos y construyendo una vida en común suficientemente buena y estimulante. Otras han terminado su relación tras haber hecho un trabajo profundo de reflexión; después de su ruptura, han mostrado un compromiso intachable en el proceso de separación y cierre. Otras tantas han continuado su vida de pareja con esquemas de relación muy distintos a los señalados por los convencionalismos sociales: algunas han elegido vivir alejadas, en ciudades diferentes, y compartir algunos espacios de vez en cuando; otras habitan en domicilios separados y conviven en alguno de ellos los fines de semana. Hay parejas que han negociado asuntos tan concretos como tener habitaciones propias, y temas tan transgresores y complejos como pactar acuerdos de no exclusividad sexual en su relación (pero sí de fidelidad con el vínculo dándole prioridad sobre cualquier otro encuentro).

Con acuerdos de este tipo, ¿cuántos podrían conseguirlo? Son modelos de alianzas diversas que hacen que la relación se conserve viva en el tiempo, que extraiga lo bueno que se tiene en común y que sortee las diferencias y desafíos de estos nuevos modelos amorosos. Es extraño, ¿verdad?, pero ocurre. A veces queremos encasillar las relaciones en un solo esquema, y nos damos cuenta de que cuando el amor está vivo y quiere ser preservado, puede adaptarse a diversos encuadres y aprovechar distintos espacios para sobrevivir y crecer.

¿Por qué señalamos este punto antes de que hayas decidido definitivamente qué quieres hacer con tu relación? Es probable que el estrés que genera la decisión que vas a tomar angoste tu mirada futura y que desde tus prejuicios y temores canceles opciones diversas que podrían funcionar; tal vez descartes acuerdos innovadores por considerarlos imposibles o catastróficos. En este momento basta con que te convenzas de que si bien ahora desconoces el final del trayecto que estás emprendiendo, seguramente en el recorrido vayas encontrando opciones adecuadas que respondan a tus necesidades particulares y que, al mismo tiempo, consideren y cuiden a todos los implicados en tu decisión.

Pero antes de llegar a ese punto has de continuar con muchas cuestiones acerca de temas que debes contemplar para poder elegir bien. Conducirte a un lugar de mayor claridad es el propósito de este capítulo.

Una experiencia interior

Hasta aquí te has cuestionado multitud de temas en torno a tus necesidades personales y de pareja, así como a situaciones de riesgo que puedes o no estar atravesando y que es importante tener en cuenta por sus implicaciones. Seguramente, gracias a tu capacidad de razonamiento, y apoyada por los temas que hemos señalado a lo largo de la lectura, hayas perfilado una idea de lo que quieres o necesitas hacer en torno a tu relación de pareja.

Es importante diferenciar tus deseos —de irte o quedarte— de lo que es oportuno y constructivo en este momento de tu vida. El amor no solo es un sentimiento: va acompañado de efectos que generan bienestar y crecimiento como persona y como pareja. Por eso el argumento de «aún lo amo» o «ya no lo amo» puede ser insuficiente para una decisión tan importante ante la diversidad de ingredientes que conforman la experiencia amorosa. No te precipites en una u otra dirección antes de continuar con el trabajo interno que ya has empezado a desarrollar.

Este capítulo te planteará cuestiones puntuales que te ayudarán a definirte, no tanto desde una lógica racional —que es la que has venido utilizando—, sino desde la contundencia de tu experiencia interior, que te ha llevado hasta aquí. ¿Qué significa esto? Que en cuanto avances en las respuestas que plantea el siguiente cuestionario —y sin detenerte demasiado a descifrar cada una de ellas— irás experimentando internamente una sensación de «aún podemos hacer algo» o «es mejor terminar con esta relación».

Confía en que puedes conseguir la claridad que has venido a buscar si realmente quieres encontrarla, y en que tienes todos los elementos para reconocer y aceptar lo que es mejor para ti y para tu relación. Recuerda que no merece la pena, por más que consideres que esta puede funcionar, continuar con alguien que por alguna razón ha afirmado y demostrado que ya no te quiere: por doloroso que sea, a nadie le hace bien que se queden con él por lástima o por miedo a la separación. Escucha tu voz interior, la cual te llevará sin duda un poco más allá de lo que te has estado repitiendo en este tiempo de indecisión y ambivalencia.

Ten la certeza de que las preguntas que se te plantearán a continuación incluyen la experiencia de mucha gente que ya se ha definido y ha quedado satisfecha con el resultado. Esto no significa que el trayecto recorrido por ella haya sido fácil, pero sí que se puede sostener un paso firme en alguna de ambas direcciones en tanto que ha sido elegido con conciencia, integridad y definición. Vas a llegar a buen puerto y estarás listo para construir una vida que mereces, y que tras un periodo de tiempo podrás disfrutar.

Sin duda, cada uno de nosotros es único e irrepetible, por lo cual no podemos actuar como lo han hecho los demás para llegar a la misma meta: la respuesta que te des a ti mismo ha de ser única, como tú. Sin embargo, como especialistas en el tema de pareja no podemos dejar de compartir situaciones que han sido estudiadas y clínicamente probadas, y que —en términos generales— han dado buenos resultados a quienes se han dado a la búsqueda de la mejor decisión.

Nadie podrá ser responsable de tu elección final; por eso no te ofreceremos recetas inoperantes. De cualquier modo, hemos corrido el riesgo y tenemos la responsabilidad de señalar detalles que funcionan y otras que suelen terminar mal.

Si hasta ahora no has podido definir tu postura mediante la escala de «lo que es positivo» y «lo que es negativo» en tu relación de pareja, ha llegado el momento de que dejes de utilizar el «método de la balanza» que te lleva a requerir evidencias constantes sobre los pros y los contras de tu situación. Acalla las voces intrusivas que te dan razones interminables para tender hacia uno u otro lado y que solo logran confundirte más. Es hora de iniciar un recorrido que valide tu experiencia global interna y que haga valer la sabiduría que habita dentro de ti.

Tu diagnóstico personal

Cada una de las preguntas que te plantearemos a continuación te permitirá encontrar una salida a la ambivalencia que has estado experimentando. Irás de una en una
tratando de reconocer un hecho, percibir una sensación o
detectar una pieza clave que muestre claramente qué es lo
mejor para ti.

En cada inciso contestarás una cuestión sobre algún dilema que se puede presentar entre tu pareja y tú. En todos
los casos la pregunta será directa y fácil de responder: «sí»
o «no».

El orden está especialmente diseñado para que vayas avanzando de tópicos generales a asuntos más particulares, quizá
de lo que es más obvio a lo que lo es menos. Al terminar habrás recorrido todo tipo de asuntos concernientes a la vida de
pareja, y abarcado casi todo lo que puede estar pasando en tu
relación. Tras las respuestas se revelará una especie de diag-
nóstico que pronostique si tu relación amorosa es suficientemente buena como para quedarte o suficientemente mala
como para irte.

Disponte a contestar confiando en ti mismo. Ve paso a
paso y aborda cada pregunta como una oportunidad para
encontrar tu propia verdad. Por lo general, sabrás auto-
máticamente cuál es la respuesta, pero a veces tendrás que
detenerte un poco y analizar tus sentimientos y recuerdos
para poder contestar. Si dudas qué responder, quédate con
lo primero que te haya venido a la mente; no le des muchas vueltas; insistimos, ¡aprende a detectar tu sabiduría
interior!

40 preguntas, 40 claves...

Ten a mano un lápiz de dos colores para realizar este ejercicio. Señala la columna con el color que escojas dependiendo de tu respuesta: sí o no. ¡Ojo! En cada pregunta el «sí» y el «no» cambian de columna.

Suerte y adelante...

	PREGUNTA DE DIAGNÓSTICO	ROJO	AZUL
1.	Piensa cuando las cosas entre tu pareja y tú estaban en su mejor momento. ¿Podrías afirmar que en entonces las cosas iban bien entre vosotros?	sí	no
2.	En términos generales, ¿estar con tu pareja te aporta serenidad y tranquilidad?	sí	no
3.	¿Ha habido más de un incidente de violencia física en tu relación?	no	sí
4.	¿Te gusta la manera en que te trata tu pareja?	sí	no
5.	¿Ya has elegido algún itinerario para seguir un curso de acción o experimentar un tipo de vida que excluya a tu pareja por completo?	no	sí
6.	Si Dios o un ser omnipotente te dijera que está bien que te vayas, ¿te sentirías más aliviado y tendrías mayor seguridad de que puedes poner fin a tu relación?	no	sí
7.	A pesar de vuestros problemas, ¿tu pareja y tú tenéis actualmente alguna actividad o algún interés (aparte de los hijos) en común que os gustaría seguir disfrutando en el futuro? ¿Algo que hagáis juntos y que os aporte un sentimiento de cercanía?	sí	no
8.	¿Dirías que tu pareja es inteligente, te resulta atractiva y te aporta estímulos positivos?	sí	no

9.	¿Tu pareja te pone trabas cuando tratas de conseguir lo que quieres o anula cada una de tus necesidades y, si llegas a obtener lo que deseas, el proceso ha resultado tan desgastante que al final no sientes que haya merecido la pena el esfuerzo?	no	sí
10.	¿Tienes un sentimiento básico y recurrente de humillación o invisibilidad en tu relación?	no	sí
11.	¿Sientes que tu pareja bloquea tus intentos de hablar sobre ciertos temas o de hacer ciertas preguntas, especialmente de cosas que te importan?	no	sí
12.	Cuando tu pareja dice algo ¿tiendes a pensar a menudo que está mintiendo?	no	sí
13.	Más allá de todas las cualidades admirables que pueda poseer tu pareja, o de los enfados y problemas que estáis afrontando, ¿realmente te gusta?	sí	no
14.	¿Estás dispuesto a darle a tu pareja más de lo que le has dado hasta ahora, y estás dispuesto a hacerlo tal y como están las cosas en este momento?	sí	no
15.	¿Tu relación de pareja te abre opciones de vida y amplía tus horizontes? ¿Experimentas con ella una sensación de crecimiento?	sí	no
16.	¿Tu pareja y tú sentís las ganas y el placer de tocaros mutuamente y deseáis que llegue el momento de hacerlo?	sí	no
17.	¿Sientes una atracción física especial hacia tu pareja?	sí	no
18.	¿Te sientes orgulloso de que te vean con tu pareja?	sí	no
19.	¿Tu pareja ve y reconoce ciertas cosas que has tratado de mostrarle que convierten vuestra relación en algo insano o que no funcione?	sí	no

20.	¿Hay algo de lo que haga tu pareja que te haga sentir que no merece la pena mantener la relación? Si lo reconoce, ¿está dispuesta a cambiarlo?	no	sí
21.	¿Has intentado que no te moleste ese problema que tiene tu pareja —y que hace que quieras marcharte— pero no lo consigues?	no	sí
22.	Tu pareja reconoce ese problema y está dispuesta a hacer algo al respecto. ¿Piensas que puede cambiar?	sí	no
23.	¿Tu pareja ha traspasado algo que para ti sea una «línea roja»?	no	sí
24.	¿Existe alguna diferencia entre vuestros estilos de vida, deseos y preferencias de tu pareja y tuyos?	no	sí
25.	A pesar de todas vuestras diferencias, ¿podrías decir que, en el fondo o de alguna manera, tu pareja te hace sentir bien?	sí	no
26.	¿En ocasiones observas a tu pareja y la percibes como algo extraño?	no	sí
27.	Aunque tu pareja sea una buena persona ¿te aburre terriblemente?	no	sí
28.	¿Tu pareja ha conseguido convencerte de que eres un perdedor o un idiota?	no	sí
29.	¿Tratas de limitar el contacto con tu pareja debido a sus faltas de respeto, a excepción de esas ocasiones en las que debéis interactuar?	no	sí
30.	¿Sientes que tu pareja muestra interés y te apoya en las cosas que haces que para ti son importantes?	sí	no
31.	¿Sufrirías una gran pérdida si acabara vuestra relación?	sí	no
32.	El dolor y perjuicio causado por una traición, ¿continúa o ha disminuido con el tiempo?	sí	no
33.	¿Tenéis algún mecanismo que permita perdonar en vuestra relación?	sí	no

34.	Cuando tienes una necesidad o un deseo razonable, ¿tu pareja y tú sos capaces de encontrar una manera para satisfacerlo sin tener que pasar por una contienda dolorosa?	sí	no
35.	¿Existe una necesidad en particular que te resulte tan importante que si no la satisfacieras a lo largo de tu vida, en un futuro dirías que esta no ha merecido la pena? ¿Empiezas a sentir desanimado por el hecho de que nunca logres satisfacerla?	no	sí
36.	Dada la manera en que tu pareja se comporta contigo, ¿sientes que su acercamiento solo busca someterte y criticarte?	no	sí
37.	Cuando se abordan las cuestiones íntimas entre tu pareja y tú, ¿hay consenso sobre lo que es la intimidad para ambos y cómo podéis alcanzarla?	no	sí
38.	¿Consideras que la tuya es una relación agradable?	sí	no
39.	Actualmente, ¿compartís metas y sueños comunes?	sí	no
40.	Si todos vuestros problemas se resolvieran mágicamente, ¿aún dudarías entre irte o quedarte?	no	sí

Con esto sí, con esto no

¡Es posible que hayas atravesado la parte más difícil del proceso! Tómate tu tiempo para respirar, para relajarte y siéntete orgulloso. Tras realizar este ejercicio habrás identificado de nuevo necesidades internas que te convocan con fuerza. Ahora toca ver qué haces con ellas en relación con tu situación de pareja. Al finalizar podrás tomar una decisión basada en tu realidad.

Si la mayoría de tus respuestas se señalan en la columna roja, que es la de la izquierda, estás indicando que tu relación puede mantenerse y funcionar —sin duda, después de realizar un trabajo con el malestar que experimentas y con los problemas estancados que afrontas—. Pero si la mayoría de tus respuestas están en la columna azul, que es la de la derecha, es una muestra clara de que la relación tiene mucho en contra y pocas probabilidades de funcionar.

En este punto del camino no intentes volver a la lucha interior que te hace regresar al territorio de la duda. Integra lo que sientes, acepta el dolor y el temor que te produce, o bien asume la responsabilidad y el deseo de replantear tu relación y de trabajar en ella.

Nuestra experiencia profesional, sumada a nuestros estudios sobre la pareja, nos permite plantear las siguientes afirmaciones que te ayudarán a confirmar y sostener tu verdad subjetiva.

Lee con atención cada frase de la tabla siguiente; piensa rápido lo que te hacen sentir y tacha el recuadro con el que te identificas.

CON ESTO SÍ...	CON ESTO NO...
Si lo que compartes con tu pareja te llena de motivación, disfrute y regocijo, y te abre posibilidades futuras, es que aún tienes experiencias amorosas reales. No solo compartes deberes como educar a los hijos, cuidar a los padres o sacar adelante un negocio, sino actividades vitales que te vinculan con tu pareja y alimentan tu relación. Si este es el caso, existe una posibilidad de mejorar tu relación.	Un abuso físico repetido que no se quiere parar mediante un trabajo que aborde la violencia que subyace, indica que debes terminar la relación. De otra manera, pasará una y otra vez, y empeorará a cada momento: tu autoestima bajará y tu sensación de estar atrapado aumentará. Si aún amas a tu pareja y consideras que tiene muchas cosas buenas, solo si se pone en manos de un profesional y permanece en la terapia como mínimo un año, cabrá la posibilidad de continuar. El abuso físico —¡así como el emocional y verbal!— mata el amor.
Si consideras —en términos generales— que tu pareja es buena persona, inteligente, atractiva e interesante a tus ojos, tienes la posibilidad de trabajar en tu relación.	Si cuando tu relación estaba en su máximo apogeo las cosas entre vosotros no iban bien, el pronóstico es pobre. Lo que nunca ha sido bueno, difícilmente lo será algún día.
Cuando, a pesar del desgaste y el dolor de lo vivido, aún estás dispuesto a entregarte y a hacer cosas por el otro por amor, hay una oportunidad de revitalizar tu relación.	Cuando experimentas alivio de que un ser superior u omnipotente, o tus padres, o incluso tu terapeuta te diera permiso de dejar tu relación si quisieras, y eso te hace sentir paz y bienestar, es indicador de que te puedes ir.

CON ESTO SÍ...	CON ESTO NO...
Si sientes una atracción física y sexual hacia tu pareja, lo cual es muy importante para ti, pues te atrae de una manera que nadie más ha conseguido, seguramente quedarte sea una buena decisión, siempre y cuando no haya razones de peso para irte. Recuerda que a veces la pasión nubla la inteligencia.	Si ya has hecho diversos planes y has adquirido compromisos que excluyen a tu pareja, entonces parte de ti ya sabe y ya ha decidido que serás más feliz si pones fin a tu relación. La mayoría de la gente que hace esto no está contenta con lo que está viviendo y asume una brecha de afinidades, por lo cual empieza a separarse poco a poco y pasa factura al otro por mantener la relación. Si tu actitud hace pensar que ya estás dejando tu relación y actúas como si esto fuera un hecho, ¡estás poniéndole fin! Tú eres quien mejor lo sabe.
Si realmente puedes dejar que el problema se vaya y lograr que no te moleste, gozarás de una oportunidad magnífica para permanecer en tu relación. Si esta tiene futuro, los individuos pueden manejar ciertos conflictos aunque no logren resolverlos, pero recuerda que hay de problemas irresolubles. Si ya no lo toleras, en un futuro lo tolerarás aún menos.	Si tu pareja es exigente, controladora, dominante y muy cargante; si tiende a minimizar tus necesidades, a despreciar tus intereses y a limitar tus acciones, seguramente te sentirás mejor fuera de tu relación. También la imposibilidad de conversar y comentar temas que son de tu interés son malos indicadores. La sensación de humillación e invisibilidad en tu relación facilitará tu decisión.

CON ESTO SÍ...	CON ESTO NO...
Si tu pareja se interesa por ti y te apoya en las cosas que para ti son relevantes, y lo hace de una manera amable y sincera, haciéndote sentir acompañado y querido, estás en una relación buena y no deberías ponerle fin.	Vivir en la duda permanente y en la mentira tiene muy mal pronóstico. Estar con una persona mentirosa, que además quiere convencerte de sus mentiras, y que te lleva a dudar de tus percepciones, hace de tu relación algo poco fiable.
Si tu pareja muestra señales sinceras de querer superar el problema que convierte vuestra relación en algo muy malo, existe la posibilidad de que todavía haya algo que merezca la pena entre vosotros, y no serás feliz si ahora te das por vencido. La habilidad para cambiar puede transformar vuestra relación, pero no basta solo con las intenciones, sino con hechos concretos.	Si te das cuenta de que realmente no te gusta tu pareja, y que aunque sea buena persona no puedes convivir con ella, entonces tu amor es amical o fraternal, pero no de pareja. Por otro lado, si te demuestra claramente que no le gustas, también serás más feliz si te vas. A la larga, si no te gusta, no lo amarás lo suficiente como para vivir emparejados y viceversa si no le gustas.
Cuando has experimentado un dolor o una traición que te ha llevado a valorar si acabas con tu relación, y con el tiempo esto ha ido cambiando, e incluso lo has perdonado, es posible que trabajar en ello te permita recuperarte y que merezca la pena continuar.	Si no estás dispuesto a dar sin recibir nada a cambio, evidentemente no serás feliz si te quedas. Cuando no hay nada más que dar, es que ya no queda nada.

CON ESTO SÍ...	CON ESTO NO...
Si tu pareja y tú compartís metas y sueños, si tenéis planes vitales de cara al futuro y os importa más que cualquier otra cosa, puede ser que la relación sea suficientemente buena como para mantenerla. Compartir una pasión hace la vida más fácil y llevadera.	Si uno de los dos ya no toca al otro, y esto pasa desde hace tiempo sin mostrar señal alguna de cambio, esto es una declaración de intenciones de lo distantes que estáis el uno del otro. Difícilmente seréis felices si permanecéis juntos.
Cuando existen varias personas a tu alrededor, en quienes confías y que te quieren, que te dicen que te estás precipitando y que ven que la relación que tienes con tu pareja alberga muchas posibilidades de mejorar, vale la pena que consultes tu caso antes de tomar la decisión de irte.	Si tu pareja hace algo que te lleva a pensar que la relación no es buena, y si además has tratado de que lo reconozca y no lo hace, el problema empeorará con el tiempo. Si no estás contento con la idea de vivir con un problema que va a peor, lo mejor es que te vayas. Si a esto le sumamos que tu pareja ni siquiera acepta estar haciéndolo mal, es tiempo de marcharse.
Si tu pareja lleva tiempo sintiendo que te alejas de ella y preguntándote qué te pasa, y tú, por pena o temor a hacerle daño, no le has manifestado tus dudas, tu insatisfacción y tu malestar, lo mejor sería que lo hablases para ver si algo de tu relación —que nunca has trabajado— se puede mejorar.	Si has marcado cuáles son tus límites y a pesar de ello tu pareja los ha violado, te resultará difícil ser feliz si te quedas. Cuando se traspasa una línea roja y lo permites, la situación se vuelve violenta para ti.

CON ESTO SÍ...	CON ESTO NO...
Cuando algún problema te ha llevado a perder la confianza en tu pareja, pero al planteárselo ella lo admite, y constatas que lo que dice es cierto, vale la pena preguntarse si el problema se puede afrontar para darle una segunda oportunidad.	Si es imposible lograr en el seno de la pareja el tipo de vida que prefieres y anhelas, y si no es quieres renunciar a eso que con ella nunca podrás alcanzar, has de plantearte tu marcha. Tu relación es parte de tu vida, pero no toda ella.
Si tu pareja siempre te ha tratado con respeto y consideración, y sabes que con ella te sientes como en casa, vale la pena buscar maneras de lograr nuevos acuerdos y establecer una mejor negociación.	Cuando vives con tu pareja como si fueras un extraño —no lo entiendes, te parece distante, es incompatible contigo— puede que lo mejor sea que te vayas. De alguna manera, uno debe poder reconocerse en los ojos del otro.
En pocos espacios y con pocas personas te sientes tan íntimamente a gusto como con tu pareja. A pesar de los problemas que sabes que con ella puedes mostrarte tal como eres y ser respetado y cuidado. Por eso vale la pena luchar por la relación.	Si tu pareja intenta convencerte de que eres culpable, un perdedor, un idiota y usa palabras y acciones irrespetuosas; si ha comenzado a dañar la imagen que tienes de ti mismo haciéndote dudar de tus capacidades, es momento de irse. No permitas que te debilite más.
Si reconoces que no has hecho todo lo posible por mejorar las cosas; si descubres que has culpado a tu pareja sin admitir tu responsabilidad para que todo haya empeorado, has de revisar tu comportamiento porque esto puede ayudarte a continuar.	Si descubres que prefieres estar sin tu pareja a causa del trato que te dispensa, y disfrutas más los espacios no compartidos, esto indica que te quieres marchar.

CON ESTO SÍ...	CON ESTO NO...
Si muchas de las actividades que compartes con tu pareja aún te resultan divertidas y te aportan bienestar y placer, es posible que aún haya mucho por reconstruir.	Dejar a tu pareja te llevaría a perder cosas que, si bien son buenas, no las consideras particularmente importantes para ti. En este caso lo que te ofrece tu pareja no lo extrañarás tanto si renuncias a ello, dado que valoras más lo que recuperarías con tu libertad.
Las muestras espontáneas de cariño y ternura que te prodiga tu pareja son auténticas y sabes que manifiestan un verdadero amor por ti. El hecho de no estar motivadas por el miedo a perderte pone de manifiesto que tenéis mucho en común.	Si has sufrido un enorme daño, y quisieras superarlo, pero tras varios intentos no puedes hacerlo, difícilmente encontrarás refugio dentro de tu relación.
Tu pareja tiende a abrir espacios y emplea estrategias para que puedas desarrollarte y crecer. Si no los promueve personalmente, reconoces que acepta tus necesidades de desarrollo y las apoya. Es posible entonces que esté dispuesta a trabajar contigo lo que ahora os tiene estancados en una crisis.	La frustración constante, el miedo permanente y la privación cotidiana hablan de necesidades insatisfechas y son experiencias que muestran que esta relación no es tu lugar.

CON ESTO SÍ...	CON ESTO NO...
En general te sientes seguro y tranquilo con tu pareja. Aun en los momentos difíciles tu relación te aporta serenidad y paz interior. En un espacio seguro se abre la posibilidad de negociar muchas cosas.	Si tu pareja y tú no podéis llegar a un acuerdo sobre lo que significa la intimidad para ambos y cómo alcanzarla, y si mantener vuestras posiciones tiene más importancia que vuestras diferencias, probablemente serás infeliz si te quedas. Si al intentar acercaros os alejáis, será difícil que permanezcáis juntos.
Tu pareja ya ha cambiado en situaciones difíciles anteriores y se ha mantenido en el tiempo. Quizá ahora requieras otras cosas pero no las has planteado adecuadamente como para que tu pareja lo entienda y actúe en consecuencia.	Si es imposible que os divirtáis juntos no hay ninguna esperanza de llegar a disfrutar la vida con ella. La diversión es un pegamento importante del amor.
Si tu pareja y tú compartís espacios íntimos y lográis olvidar muchos de vuestros problemas gracias a vuestras relaciones sexuales, todo va bien. El fortalecimiento de este vínculo crece en la alcoba y os hace experimentar más energía que en un futuro os ayudará a superar vuestros problemas.	Si no hay problemas en tu relación y aún sigues sin saber si quieres estar con ella, de alguna manera te muestras disconforme con tu vida en común. Las personas que se han sentido así han estado bien cuando se van, y asumen que la relación ya ha dado de sí lo que podía. Cuando no sabes si quieres estar, aunque no haya problemas, es que no te quieres quedar.

Una vez más has dado espacio a tus sentimientos al responder este ejercicio.

Suma los recuadros que anotaste en la columna derecha

_____

Suma los recuadros que anotaste en la columna izquierda

_____

Si hay más aciertos en la columna de la derecha, tu verdad interior se inclina a que pongas fin a tu relación.

Si hay más aciertos en la columna de la izquierda, tu verdad interior contempla la posibilidad de trabajar por tu relación y continuar.

Una vez te hayas aclarado, y más allá de que esto te produzca agrado o desagrado —sentimientos que trabajaremos en el capítulo correspondiente a cómo abordar tus emociones—, es importante que profundices en tu elección.

La lectura del próximo capítulo te permitirá reconocer las implicaciones de tu decisión y de esa manera podrás confirmarla, mantenerla y generar a corto plazo una ruta adecuada para llevarla a la acción.

CUADRO DE VALORACIÓN

Afirmando tu verdad interior

A. TRABAJO INDIVIDUAL

1.	Confirmas que deseas marcharte	sí	no
2.	Confirmas que deseas quedarte	sí	no

B. TRABAJO DE INTROSPECCIÓN

Reflexiones

Conclusiones

7. VALORANDO TUS OPCIONES

> Existen dos opciones en la vida: aceptar las condiciones tal y como son, o aceptar la responsabilidad de cambiarlas.
>
> DENIS WAITLEY

Es probable que a estas alturas tengas mucha mayor claridad respecto de lo que quieres hacer en relación con tu vida de pareja. Sea como fuere, en este capítulo recorreremos las implicaciones de cualquiera de las tres posibilidades que se derivan del trabajo que hasta aquí has realizado: quedarte, separarte o divorciarte. Cualquier decisión que tomes en la vida, especialmente una tan importante como terminar o continuar una relación de pareja, siempre estará mejor tomada si te informas y profundizas en lo que implica cada una de las opciones posibles.

No puedes conocer a ciencia cierta el futuro y, además, toca asumir que toda elección conlleva renuncias y ciertos riesgos, pero profundizar en la opción que hayas escogido te aportará mayor claridad sobre lo que está por venir y te permitirá asumir en conciencia y con responsabilidad tu decisión.

Entre el miedo y la huida...

Antes de adentrarnos en tu elección propiamente dicha, revisemos tu manera habitual de afrontar asuntos importantes. Sin duda, tu personalidad, tu historia y el ámbito en el que te mueves tienen un peso en ti y en tu forma de encarar los desafíos de la vida. Sin que te alteres ni trates de ser quien no eres, vale la pena que tengas en cuenta los siguientes modelos de reacción:

El miedo como guía. Hay personas que tienden a estar encarceladas en sus propios miedos; a menudo el temor se apodera de ellas y les impide moverse en cualquier dirección. Quien vive atenazado por el miedo tiende a enfocarse en todo lo negativo que puede ocurrirle en vez de visualizar el propósito de la decisión que está a punto de tomar.

Dejarse dominar por el miedo tiene como motivaciones evitar el dolor, asegurar cierto bienestar, no atravesar el camino de lo desconocido y no correr ningún riesgo. Esta manera de actuar, si bien puede reflejarse en cualquier área de la vida, en lo concerniente a una relación amorosa, puede causar estragos particulares. ¿Te sientes identificado con esta manera de decidir?

Existen diversos tipos de miedos: innatos, como el miedo a la oscuridad, a los animales, al abandono. También hay miedos aprendidos desde la infancia: un niño ve el mundo de acuerdo con las experiencias que tuvo con sus cuidadores primigenios, las cuales pudieron haber sido experiencias de seguridad o de inseguridad, de previsión o de imprevisión, de control o de descontrol. A partir de estas primeras vivencias, junto con otros muchos factores, construimos como adultos el mapa de nuestros miedos. Sean cuales sean sus orígenes, en términos generales la experiencia del miedo paraliza a quienes lo experimentan.

José Antonio Marina, en su libro *La anatomía del miedo*, nos describe cuatro tipos de aprendizajes en relación con el miedo:

- Los sucesos traumáticos: un accidente, una violación, una separación dolorosa, cualquier evento violento.

  Podríamos afirmar que si en tu vida ha habido eventos que te hayan generado experiencias traumáticas, estas pueden resurgir en el presente desencadenadas por la situación que atraviesas.

- Los sucesos penosos: como recibir repetidamente humillaciones, burlas y agresiones.

  En la vida de pareja, estar sujeto a cualquier tipo de violencia puede generarte miedo tanto a continuar con la vida en común como a afrontar un proceso de separación y divorcio. Hay quienes no se permiten sentir este tipo de emociones debido a la magnitud de la misma; en algunas ocasiones, el riesgo real que se corre nos lleva a minimizar su malestar y justificar al cónyuge maltratador.

- Los miedos aprendidos socialmente: aquellos que se integran al imitar a otras personas.

  Hay individuos que internalizan el malestar de gente cercana a quien han visto —satisfechos o insatisfechos—, ya sea dentro de una relación de pareja o bien fuera de ella.

- Los mensajes que generan alarma: información que va de boca en boca pronosticando riesgos, malestares y desgracias.

  Esto sucede cuando amigos o conocidos te informan de «todos los peligros» que afrontarás si te separas o, por el contrario, los malestares sostenidos al continuar con determinado tipo de vida conyugal.

¿Cómo decidir si el miedo es un principio rector en tu vida? Sin duda, es necesario reconocer en ti mismo si experimentas esta sensación de miedo. También es importante revisar de dónde viene esta vivencia de temor para luego ubicarte en el presente y distinguir que una cosa es ser consciente de las dificultades y renuncias que implica cualquier decisión que tomes en la vida, y otra cosa muy distinta es vivir anticipando catástrofes.

Insistimos: si eres de las personas que se paralizan por el miedo, has de ser consciente de esta tendencia tuya: observar tu modo habitual de actuar te permitirá no caer en la parálisis y moverte en cualquier dirección que hayas elegido a pesar del temor que experimentes.

Reflexiona sobre alguno de tus temores; quizá al hacerlo te des cuenta de que algo de lo que tanto temes ya está sucediendo: ¿tener que criar a los hijos solo? Tal vez ya lo hagas… ¿Vivir en soledad? Quizá ya estés bastante solo… ¿Afrontar problemas económicos? Probablemente ya los estés sorteando. Al final del camino, no se trata de no experimentar miedo en tu vida, sino de redimensionar tu temor para manejarte mejor y actuar pese al miedo.

Tener metas claras e ir avanzando a través de pequeños pasos facilita tolerar la ansiedad del cambio y los temores racionales e irracionales que surgen en el camino. Las pequeñas conquistas van debilitando los temores y confirmando que tu elección es la más oportuna y constructiva en este momento.

Otra manera de reaccionar es cuando la acción es la que manda: las personas cuyo estilo de tomar decisiones se basa en la acción —sean o no impulsivas— tienen un punto de vista contrario a las que se rigen por el miedo. Estos sujetos están más dispuestos a asumir riesgos y a luchar por lo que quieren. A diferencia de las personalidades temerosas, quienes tienden a la acción buscan moverse rápidamente. La clave en este estilo decisivo es que no te venza la acción irreflexiva —es decir impulsiva—, sino una acción razonada.

Es probable que mezcles ambos estilos de decisión; quizá emplees uno en ciertos casos y otro en diferentes circunstancias. Pero es posible que sea tu tendencia más dominante, sobre todo en situaciones de crisis, la que pese más en los argumentos que manejes en relación con la decisión de quedarte o no con tu pareja actual. Si bien la personalidad no te determina, genera cierto condicionamiento a actuar de una manera concreta; por eso, en una decisión tan crítica como en la que estás inmerso no tienes por qué responder con el mismo patrón con que siempre lo has hecho. Ten en cuenta que ahora debes comportarte de manera diferente ante una situación que probablemente nunca hayas afrontado, y eso requiere de una particular reflexión y de una cuidadosa gestión para que llegues a buen puerto.

Si decides quedarte…

Un sinnúmero de parejas que sobrepasaron los momentos difíciles afirman que después de superar los conflictos que las aquejaban su relación se hizo más fuerte, mejor y más profunda.

Puedes haber llegado a la decisión de conservar tu relación por diversas razones: quizá reconozcas que entre tu pareja y tú aún hay atracción, confianza, honestidad, compatibilidad y respeto. Tal vez descubras a lo largo de este recorrido que aún hay alternativas de solución que no habías visualizado y que, por tanto, no has probado: quieres hacerlo y te abres a la posibilidad de que puedan funcionar. Apuestas por dedicar tiempo y esfuerzo a intentar que la relación funcione.

Para continuar en esta línea es importante que ambos entendáis que toda relación tiene altos y bajos, pero que es necesario que los dos estéis en disposición de hacer todo lo que esté a vuestro alcance para sacar lo mejor el uno del otro. Es más fácil tirar del carro juntos que por separado.

Luchar por mejorar una relación conflictiva requiere que te cuestiones con honestidad por qué quieres continuar con ella. A continuación exponemos algunos puntos de reflexión para que mantengas tu posición de manera consciente y no como una salida fácil a una situación compleja.

1) Ignorar el problema y desear que se termine

Permanecer en una relación —con las mejores intenciones— ignorando el problema que existe, no es razón suficiente para que la relación funcione. Hay quienes quieren «tapar el sol con un dedo» con el fin de no poner en riesgo la familia, la estabilidad personal, o incluso por no perjudicar a la propia pareja.

Si hay un problema entre tu pareja y tú, ignorarlo o minimizarlo no resolverá nada. Una actitud así calmará la tormenta durante un tiempo, pero a la larga te llevará a descubrir que no ha cambiado nada en la relación y entonces te darás cuenta de que debiste haber actuado de otra manera y con mucha mayor anticipación. Posponer la reflexión consciente sobre tu situación y la toma de decisiones adecuadas —por no atravesar el amargo momento de la verdad— solo conlleva riesgos futuros y situaciones que pueden ser aún más amargas y frustrantes.

Uno de los peligros concretos al ignorar los problemas es que inconscientemente uno o ambos individuos de la pareja insatisfecha generen una gran crisis para hacer insostenible la relación y terminarla por las bravas: una infidelidad, provocar un desastre económico, una adicción o una crisis emocional llevan a rupturas estrepitosas. Una crisis de este tipo puede ser la puerta de salida ante un dilema que consciente y voluntariamente no se puede resolver, pero sin duda hay mejores maneras de alcanzar acuerdos y de cuidar a cada uno de los involucrados en la relación.

Otra situación bastante común en las parejas evasivas consiste en desarrollar una enfermedad psicosomática que debilita a alguno de los miembros de la pareja o a alguno de los hijos, lo cual hace que la atención de los cónyuges se centre en ella y no en la resolución de fondo de la relación.

Por eso es importante que asimiles que evitar problemas inmediatos no es una buena razón para quedarte. Puede haber otros argumentos válidos y maneras más oportunas de hacerlo. A continuación te sugerimos dos modos de trabajar activamente en tus problemas.

2) Para trabajar en tus problemas tienes dos caminos concretos...

a) Intervención interna

Seguramente, al intentar resolver vuestras diferencias, tu pareja y tú hayáis caído en círculos viciosos que han hecho crecer el conflicto en vez de aplacarlo. Es probable que ambos tengáis recursos propios para trabajar la relación que no habéis explorado lo suficiente. Para conocerlos y hacer uso de ellos tendréis que aprender e implementar nuevas formas de comunicación, conexión y contención a fin de resolver los obstáculos que se presentan dentro de la relación. Podéis consultar libros de autoayuda, novelas, películas, cursos y talleres que abran puertas nuevas a situaciones de la vida cotidiana.

Otro ejemplo de intervención pasa por crear proyectos comunes nuevos que conlleven ideas y retos frescos para la relación, así como nuevos escenarios a explorar y diferentes situaciones a consensuar y resolver. Sabemos que involucrarte con tu pareja en planes que os generen una ilusión mutua puede suponer a medio plazo aspectos positivos en vuestras vidas, así como espacios compartidos que resulten un desafío estimulante. Está comprobado que implicarse en retos comunes tiene un efecto endocrino que favorece condiciones vinculantes para la relación. Algunos ejemplos pueden ser implicarse en un nuevo trabajo, mudarse de casa, tener un *hobby* con cierto grado de dificultad, pertenecer a un grupo de voluntarios…

También es útil crear espacios individuales: proyectos propios a los que la pareja solo accede por invitación de su cónyuge o por conversaciones compartidas. Una vida compartida requiere que sus miembros gocen de cierta autonomía que permita a cada uno contar con espacios de desarrollo individual. La distancia entre los integrantes de la pareja permite que fluya el deseo por acercarse al otro y compartir; del mismo modo, facilita el autoconocimiento, la conciencia de las similitudes y de las diferencias, y con ello el respeto a la alteridad.

Sin duda, otro modo de intervenir en tu relación pasa por cultivar buenas amistades y lazos familiares; ambas, manejadas de manera consensuada y dosificada, favorecen el equilibrio en la vida de pareja. La convivencia con los demás, compartir conversaciones con buenos amigos y las redes de apoyo familiares enriquecen la vida de pareja al introducir nuevos modelos de convivencia, así como variedad de informaciones en el mundo conyugal. Esto no significa que la pareja descuide la preservación de sus espacios propios, donde no cabe nadie más —ni los propios hijos—, espacios donde el encuentro y el intercambio entre los amantes consolida la riqueza de la unión.

b) Intervención externa

Son muchas las formas de intervención externa que pueden dar apoyo a la pareja en la nueva etapa que se inicia: terapia de pareja, *counseling*, *coaching*, asesoría religiosa, espiritual, legal o mediación. Todos estos son algunos ejemplos de apoyo exterior que pueden acompañar este proceso. No podemos dejar de señalar que para que estas intervenciones funcionen es necesario que ambos tengan el deseo y el compromiso de trabajar con los asesores.

Ningún terapeuta, ningún médico ni nadie en particular puede hacer que una persona cambie; es la persona que desea cambiar la que puede lograr la modificación de su conducta. Si en este proceso estás esperando que sea tu cónyuge quien se transforme —antes que tú—, quizá te quedes esperando. El cambio personal obliga al otro a moverse. Como en un juego de ajedrez, ante tu jugada, el otro debe reposicionarse. Así que asume la responsabilidad de tu propia transformación confiando en que la diferencia que introduzcas en tu vida tenga un impacto en la de tu pareja. Nada cambia si no transformas algo, y lo único que puedes cambiar es a ti mismo.

A continuación planteamos algunas preguntas que pueden ayudarte a reflexionar sobre tu relación actual y la decisión que has tomado de quedarte en ella:

- ¿Qué posibilidades de crecimiento personal me facilita y le facilito a mi pareja?
- ¿Qué fuerzas suma nuestra unión y favorecen el crecimiento de nuestra relación?
- ¿Qué desarrollos personales evité o pasé a un segundo plano en aras de favorecer mi relación de pareja?
- ¿Qué déficits personales puede compensar mi vida en pareja?

- ¿Qué errores personales se pudieron evitar de haber escuchado a mi pareja?
- ¿Qué me resultó atractivo al principio de mi relación que ahora se ha convertido en una molestia?

Las respuestas a estas preguntan te ayudarán a ser honesto contigo mismo. De nada sirve ignorar o negar los aspectos negativos de la vida en común con tal de mantener una paz barata. A veces es necesario poner el dedo en la llaga para que no quede afectado el propio desenvolvimiento en la relación, y para facilitar que el espacio compartido sea generador de satisfacción y crecimiento para ambos.

Si decides separarte…

Vivimos en un mundo que tolera poco la ambigüedad, y eso tiene su valor en ciertos casos, pero la complejidad de las relaciones humanas incluye tantos matices, que no siempre son considerados, que una postura intermedia puede permitir descifrarlos y a partir de ellos afinar la decisión. Ante la imposibilidad de definirte entre quedarte o irte puedes optar por separarte: tomar esta decisión de manera concienzuda no es evadirte ni negar lo que vives, es elegir un camino intermedio que facilite la solución definitiva.

Separarse de común acuerdo puede resultar de gran ayuda para clarificarse: ya sea para crear un nuevo modelo de relación comprometida que no sea el convencional, ya sea para regresar al modelo de pareja previo pero con la transformación necesaria para salir del círculo vicioso vivido y mejorar la relación, ya sea para avanzar en el proceso de divorcio.

Hay quienes piensan que separarse es siempre un paso para la disolución definitiva de la relación, y dejan de ver que en ocasiones una separación es el escalón necesario para una visión más global de la dinámica de la pareja que en ocasiones lleva a la reparación de la misma. No podemos dejar de decir que una vez la pareja se ha separado, pueden darse ambas opciones —mucho depende del punto en el que se encontrara la relación, así como del deseo de cada uno de sus miembros—, pero también consideramos que la separación puede facilitar afinar la decisión sin necesidad de aplazarla innecesariamente o de anticiparla irreflexivamente. Por lo general, una separación facilita un proceso de cambio, si bien al decidirla nunca se sabe a ciencia cierta el resultado final.

Pensar en la opción de separarte puede generar un gran miedo a perder el control de vuestra vida de pareja, en general, y de tu cónyuge, en particular. Si tomas la decisión de separarte es bueno contar con algún tipo de ayuda profesional; transitar cabalmente dicha experiencia puede facilitar tanto el retorno con tu pareja como un final de la relación más pausado y pensado. Generalmente, terminar una relación después de una separación planeada mitiga los problemas de violencia y facilita un convenio de divorcio más justo y expedito.

Existen cuatro razones principales por las que puedes haber elegido la separación:

1) Para obtener una perspectiva diferente de tu relación y decidir si tiene futuro o no

Al estar preparado para alejarte de tu pareja durante un tiempo, podrás observar la relación desde un punto de vista más claro y objetivo. Por lo general, parejas que han hecho esto se dan cuenta de que su amor es mayor que la necesidad que tienen el uno del otro. Con la distancia podrás confirmar si extrañas y quieres a tu pareja, y descubrir que aunque podrías vivir sin ella deseas regresar por el amor que le tienes y por todo lo que habéis construido juntos.

También puede darse el caso de que el distanciamiento te lleve a descubrir que no extrañas la vida en común y que incluso constatas que la distancia te proporciona una sensación de ligereza y paz que hacía mucho que no experimentabas. Seguramente sientas que algo te falta, que echas de menos muchas cosas, pero es importante distinguir si lo que extrañas es a tu pareja, tu casa o a tus hijos, o incluso al perro. Esta experiencia de extrañamiento en relación con una etapa de la vida y con un estilo de convivencia no es razón suficiente para reactivar una relación.

2) Para obtener una perspectiva diferente de tu relación y ver si algo se transforma en ti, en el otro o en la relación

La experiencia de vivir sin tu pareja hace que se reduzca la dependencia del uno respecto del otro y facilita retomar la propia autosuficiencia. Atravesar una separación, aunque sea temporal, te permitirá asumir la responsabilidad de tus actos, trabajar contigo mismo y dejar de culpar a tu pareja de tus problemas y de todos los conflictos de la relación. La separación *per se* obligará a ambos a miraros de manera distinta y a actuar de diferente modo. Esta transformación puede facilitar la reconciliación o bien mostrar caminos que no se habían elegido para resolver los problemas. Por el contrario, a veces el tiempo y la distancia no cambian las cosas, y eso permite constatar que queda poco o nada por hacer para sostener el vínculo.

Para llevar a cabo cualquier tipo de separación algunas parejas solicitan ayuda profesional. El apoyo de un tercero especializado facilita aceptar ciertas líneas de común acuerdo: por ejemplo, no pedir el divorcio durante un tiempo acordado, darse la distancia necesaria —en tiempo y espacio— para lograr obtener una perspectiva diferente de los problemas o para sanar ciertas heridas, incluso para acordar el tipo de intercambios que sí podéis tener y la forma de los mismos. Al término de la separación, la cual puede durar entre tres y nueve meses, la pareja estará en mejores condiciones de valorar nuevamente sus metas con la esperanza de volver a unirse.

No todas las parejas deciden regresar después de este proceso. Sin embargo, por lo general un tiempo distanciados suele resultar de gran ayuda para casi todos los que lo prueban.

3) Para crear un nuevo modelo de relación

Existen muchas parejas que gracias a la decisión de vivir separadas durante cierto tiempo de la semana, del mes o incluso del año, eligen un nuevo modelo de relación que les permite seguir juntas y tener una relación o un matrimonio bastante bueno.

Vivir separados no absuelve a ninguno de los miembros de la pareja de su responsabilidad de trabajar en la relación ni de cumplir los acuerdos que consideran necesarios para seguir siendo la pareja que desean. Si bien ambos disfrutan de una cierta autonomía, también comparten la meta de crear una conexión más sana, estimulante y gratificante entre ellos.

Muchas personas piensan que este modelo —conocido como *living apart together*— no es comprometido porque no se comparte la casa, el cuidado de los hijos, el dinero o las mascotas, entre otras cosas. Nosotros pensamos que existen parejas que logran acuerdos bastante exitosos en los que sí comparten sus obligaciones al tiempo que generan la distancia necesaria para gestionar sus problemas, respetar sus diferencias e intercambiar su amor.

Lo eficaz de cualquier modelo amoroso no tiene que ver con que sea el más común o el más aceptado por la sociedad, sino con la determinación concienzuda y responsable de la pareja que lo genera. El objetivo de cualquier acuerdo de este tipo ha de ser cuidar de uno mismo, del otro, de la familia —si es que se tienen hijos— y de la relación. Las relaciones humanas, sean cuales sean los acuerdos, son comprometidas. A veces pactos que pueden parecer inusuales para algunos, son lo que otros necesitan para conservar lo más valioso de su relación.

Sin duda, el aspecto económico y el tema de los hijos —cuando se tienen— son limitantes para algunos modelos. De cualquier modo, conservar una relación suficientemente buena merece la búsqueda e implementación de ciertos pactos novedosos que la permitan, asumiendo el precio que implique su conservación. Algunas parejas que exploran esta posibilidad llegan a acomodarse de manera temporal o definitiva con el nuevo modelo diseñado a la medida de su relación. Otras deciden, con el paso del tiempo, volver a vivir juntas.

4) Para dar un primer paso hacia el proceso de divorcio

Esta es la forma de separación que la mayoría de las personas conoce y, por lo tanto, es la más habitual en nuestra sociedad. Las tres opciones planteadas anteriormente por lo general no son tenidas en cuenta, porque se piensa que separarse representa siempre el preámbulo de la disolución definitiva; por eso mucha gente que se separa considera que las posibilidades de volver son muy bajas.

Basta con que una persona no quiera continuar con una relación para que esta tienda a su final: una relación amorosa necesita de dos para ser creada, pero basta con la decisión de uno para terminarla.

Cuando la separación se encamina hacia el divorcio es importante dejar pasar un periodo de asentamiento antes de cambiar las reglas del juego de la relación. A veces un mes es suficiente para que se apacigüen las aguas, sobre todo cuando hay hijos de por medio. Una de las primeras reglas que normalmente no se aplica —pero que es bastante dolorosa— en estos casos de separación es la de la exclusividad sexual. Para no generar turbulencias innecesarias es importante que seas cuidadoso con cómo te comportas a fin de no generar un dolor innecesario durante la transición. Poder llegar a ciertos acuerdos antes del trámite del divorcio —no solo en lo que tiene que ver con la sexualidad sino con diversas áreas— allanará el camino para lograr un buen final. Es importante que incluso la clausura de tu relación te permita honrar lo que hubo entre vosotros en los buenos tiempos.

La separación con miras al divorcio es una manera de prepararte para tomar las riendas de tu vida de manera individual. Al mismo tiempo, supone una forma de evitar conflictos mayores al atenuar posibles indiferencias, dolorosos silencios y agresiones innecesarias que pueden aparecer con mayor facilidad si la convivencia continúa.

Al considerar un divorcio debes ser lo más honesto posible contigo y con tu pareja, así como tratar de mantener una relación cordial con quien será tu ex. Una gestión oportuna en este momento te permitirá atravesar mejor el proceso, así como tener una buena relación como padres que resulte eficiente en caso de tener hijos en común.

Es importante que anticipes, en la medida de lo posible, cómo será tu vida una vez concluida la relación: hay quienes idealizan el retorno a la soltería sin visualizar los retos que requieren atravesar para conquistar su futura libertad.

Si decides divorciarte…

Que no exista una buena razón para quedarse es una buena razón para marcharse.

Tomar la decisión de divorciarse no es fácil, y llevar a cabo un divorcio tampoco es cosa menor. Con esto no estamos diciendo que divorciarse tenga que ser una tragedia, pero sí requiere de una mirada realista del proceso y también necesita de una planificación.

Suponemos que si a estas alturas del camino te has decidido por esta opción es porque seguramente ya has explorado antes muchas otras alternativas: intentaste cambiar aspectos de tu personalidad y facilitar los de tu pareja, probaste soluciones a tus conflictos y estas no han dado los resultados esperados, quizá incluso hayas consultado a profesionales e intentado intervenciones en común. Todo esto te habrá llevado a decidirte y a aceptar que, aunque sea doloroso, divorciarte es la mejor opción dada tu situación.

Existen tres factores que distinguen esta opción de las dos anteriores mencionadas en este capítulo.

Una decisión definitiva
El divorcio marca el fin de un tipo de relación de pareja y de un tipo de familia. Si bien la familia no se deshace puesto que los lazos consanguíneos son indisolubles, su conformación sí se transforma. El divorcio tiende a ser una decisión definitiva y generalmente no existen —ni debe jugarse con esa posibilidad— segundas oportunidades una vez se ha tomado este camino. Existen algunas situaciones, las menos, en las que se puede dar marcha atrás, pero por eso sugerimos que es mejor probar una separación temporal antes de hablar de divorcio.

Cuando una pareja no ha tenido hijos, la separación y el fin de la relación son más abruptos: estas parejas no tienen razón alguna para seguir en contacto, excepto que decidan mantener una amistad —la cual rara vez se consolida en un primer momento—. Para algunos esto supone una muy buena noticia, en tanto que la vida puede continuarse sin mayores ataduras al pasado, si bien para otros puede implicar una pérdida muy grande, ya que la pareja pasa de ser el compañero más cercano a un extraño.

Cuando hay hijos, la situación es muy diferente. La paternidad y la maternidad obligan a mantener acuerdos sólidos e intercambios afables. Para muchos, esta es una de las partes del divorcio más difíciles de gestionar: cuando hay hijos, tu ex siempre seguirá siendo parte de tu vida, y solo manteniendo una relación cordial y eficaz se logrará acompañar a los hijos cabal y amorosamente a lo largo de su vida.

Esto se complica de manera especial si alguno de los miembros de la pareja continúa enamorado. Si este es tu caso, te invitamos a que recibas terapia para poner distancia emocional con quien va a ser tu ex. Los acercamientos que implican los trámites del divorcio y el cuidado de los hijos dificultan la separación emocional. Cualquier indicador de cuidado y cariño por parte de la otra persona puede ser entendido como un intento de reconciliación, lo cual resulta muy doloroso dado que es una falsa expectativa.

Si, por el contrario, es tu ex quien está enfadado contigo o continúa enamorado de ti, deberás ser muy cuidadoso de no mandarle mensajes con segundas intenciones; además, cuando menos los primeros meses has de mantener una distancia física y emocional suficiente para no dar lugar a confusiones.

La transformación de las vidas involucradas

Es normal que el divorcio o la separación te preocupe y te agobie. El matrimonio o la vida en pareja es como el crecimiento de dos árboles juntos: cuantos más años pasen, más largas y entrelazadas estarán sus raíces y más difícil será desenredarlas. Por lo tanto, tienes que prepararte para un proceso que lleva su tiempo. Acelerarlo o retrasarlo solo generará más dolor.

Es inevitable afirmar que el divorcio tendrá un impacto en tu vida, en tu familia, en tu hogar, con tus amigos, con tu gestión del tiempo y en tu desempeño laboral. Esto no significa que las cosas no retomen su curso con el tiempo y vuelvan al equilibrio, pero es importante asumir sus implicaciones para que no te sorprendan a mitad del camino. Además de tu pareja y tú, tus hijos atravesarán su propio duelo. En términos monetarios, tener que mantener dos casas cambiará la economía de la familia. Es probable que si uno de los cónyuges no trabajaba o ganaba muy poco dinero, tenga que cambiar sus rutinas para incrementar sus ingresos económicos. Las familias extensas y los amigos comunes van tomando partido, distanciándose de personas queridas que tendrán que asumir alguna posición.

Es totalmente normal y aceptable que estos cambios te provoquen un sentimiento de miedo y angustia durante algún tiempo. También es normal el dolor por las pérdidas que van más allá de la relación de pareja. Lo importante es decidir cuánto tiempo de duelo y de caos se prolongará innecesariamente y considerar si requieres de otro tipo de apoyos para recuperar el orden de tu vida y tu bienestar.

Las marcas que pueden producirse durante y después del proceso

A pesar de los avances sociales que se han dado en términos de normalizar el divorcio como un hecho que pone fin a las relaciones pobres o dolorosas, aún hoy buena parte de la sociedad lo sigue considerando como un evento negativo en la vida de las personas, incluso como un fracaso.

Se dice que el divorcio saca lo peor de la gente, no solo de la pareja que se rompe, sino de todos los que están a su alrededor. Tu divorcio te permitirá ver con quién cuentas en realidad; será bueno incluso que calibres tus redes de apoyo antes de la ruptura, pues muchas personas temen contagiarse y se alejan de la pareja en lugar de brindarle su apoyo. Si bien esto puede ocurrir, también sucede lo contrario: conocemos muchas parejas divorciadas que han sacado lo mejor de sí mismas y cuyo proceso de divorcio ha tenido como resultado un crecimiento emocional que les ha permitido seguir de forma muy exitosa con sus vidas.

El divorcio y la jerarquía de necesidades

La manera en que se vive y se valora el matrimonio y el divorcio en la actualidad es algo nuevo. Nunca antes se habían establecido estándares tan altos en cuanto al «deber ser» para una persona, un matrimonio o una sociedad. Un marido y una mujer esperan que su pareja cumpla con todas sus necesidades, tanto físicas y sociales como emocionales e intelectuales. Nuestra cultura ha fomentado que el objetivo del matrimonio sea construir una unión con una persona que cumpla con todas nuestras expectativas y satisfaga todas nuestras necesidades, «hasta que la muerte nos separe». Ante el fracaso de tan alto requerimiento también se juzga injustamente a aquellos que no lo alcanzan.

El «para siempre» no es una probabilidad muy realista en nuestros días; no queremos decir que sea imposible de lograr, pero las condiciones de vida han cambiado y las relaciones amorosas buscan más un intercambio afectivo difícil de mantener, que un contrato para sobrevivir y reproducirse como antaño, cuando además —sobra señalar— la esperanza de vida era muy corta.

Por otro lado, las múltiples expectativas personales, así como la cada vez mayor sofisticación de las necesidades propias, hacen imposible que alguien se haga cargo de nosotros en su totalidad. De cualquier modo, es importante anticipar qué áreas de tu vida y tu persona se verán perjudicadas tras un divorcio y buscar la manera de ir solucionándolas por ti mismo. Una mirada realista a esta situación te permitirá prepararte de manera oportuna para hacer frente a los cambios que vas a afrontar.

Sin afán pesimista, queremos señalar que tus necesidades fisiológicas, de seguridad y de amor pueden verse amenazadas: es normal que experimentes cierto desasosiego de que al terminar tu relación carezcas del suficiente dinero o de recursos para vivir, hasta llegar al punto de imaginarte con mayores limitaciones económicas. A esto se puede sumar una sensación de desprotección generalizada, acompañada del miedo a quedarte solo el resto de tu vida. La simple idea de divorcio puede desencadenar muchos temores; sin duda, atravesar el tuyo propio divorcio generará un cambio en tu estilo de vida, por lo que tendrás que adaptarte lentamente a todas las circunstancias; sin embargo, has de confiar en que te has preparado lo necesario para hacerles frente.

Por otro lado, el divorcio también comprometerá tu necesidad de amor y pertenencia. Es probable que tu deseo de ser amado de una mejor manera tenga un gran peso sobre tu decisión de quedarte o divorciarte: en la actualidad es el tema del amor lo que anima a las personas a iniciar una relación de pareja, y la misma es, por tanto, una de las principales razones que impulsan la decisión de divorciarse.

Algunos individuos experimentan sentimientos de baja autoestima a lo largo de este proceso; si es tu caso, piensa cómo te sentías antes de comenzar tu vida en pareja; probablemente vivías más seguro. Confía en que el tiempo y la gestión adecuada de la situación te permitirán recuperarte para poder mejorar tu sensación de valía personal y de competencia ante los retos de la vida.

Hay quienes, tras la decisión de divorciarse, creen que han fallado en lograr que su relación funcione, en mantener el amor de su pareja o en mantener sus creencias sobre el amor. También sienten que se han fallado a sí mismos, a su pareja, a sus hijos e, incluso, a la sociedad. Estos sentimientos son totalmente inútiles para atravesar la crisis y para continuar con la vida; de hecho, son una visión sesgada generada por la tormenta emocional y la pérdida de autoconfianza. Ten la certeza de que tomarás distancia y de que con el tiempo visualizarás las bondades de tu decisión, así como las nuevas oportunidades que te brindará la vida.

Consolidando tu decisión final

Es importante, durante este camino, que te rodees de gente que te apoye para que encuentres tu propia verdad, absteniéndose de manipularte con creencias fundadas en su propia experiencia. No te dejes influir por quienes alimentan tu beligerancia o tu revancha: es más fácil divorciarse si te instalas en la ira, pero también es más probable que dicha actitud deje muchos cadáveres en el camino —incluyendo entre ellos a tus hijos y a tu propio corazón—.

También depende de ti decidir si escuchas a quienes muestren más equilibrio y sabiduría, pero sobre todo a esa voz interior que has ido alimentando desde que iniciaste la lectura de este texto. Escuchar a quienes tienen algo valioso que decir, así como a ti mismo, facilitará que tomes una decisión más consciente e integral.

Si sientes que vas a regresar al ciclo de la indecisión es probable que lo hagas para evitar escuchar aquello que, en el fondo, sabes que debes hacer. Detén ya tu preocupación de dejar tu relación enseguida o de permanecer en ella tiempo de más: ahora tienes los elementos para validar tu deseo y tu necesidad de una u otra cosa. No es momento de regresar a la duda sobre si hiciste lo suficiente o no: ¡suelta los pensamientos obsesivos, muévete de lugar, haz ejercicio, escucha música! Tampoco te sirve esperar a no tener ningún tipo de afecto por tu pareja para soltarla: eso es casi imposible, pues siempre queda algo de cariño por el otro, lo cual no significa que la relación se pueda alargar más.

El divorcio no es fácil, pero recuerda que dejar una relación pobre o dolorosa es signo de salud mental. Hay casos en los que la decisión se toma demasiado tarde y el daño a la pareja y a los hijos es irreparable, por lo que es de vital importancia ponerle punto y final a una relación destructiva o que simplemente no da para más. Muchas personas, tras su divorcio, afirman que debieron haber tomado la decisión antes para evitar un desgaste innecesario. No te precipites, pero tampoco esperes innecesariamente.

CUADRO DE VALORACIÓN

Valorando tus opciones

A. TRABAJO INDIVIDUAL

1.	¿Sientes que estás ignorando o minimizando el problema?	sí	no
2.	¿Predomina tu miedo a tu deseo de lograr metas importantes y crecer?	sí	no
3.	¿Han aparecido ya síntomas de querer evitar la decisión de acabar con la relación? (infidelidades, enfermedades emocionales o físicas, abusos emocionales o físicos, entre otros)	sí	no

Si contestaste **sí** a las preguntas anteriores:

¿Qué quieres evitar quedándote?

Si contestaste **no** a las preguntas anteriores:

¿Qué intervenciones planeas llevar a cabo dentro para que tu decisión prospere?

¿Qué intervenciones planeas llevar a cabo fuera para que tu decisión prospere?

B. Trabajo de introspección

Reflexiones

Conclusiones

Si tu decisión es **separarte**

1.	Pensar en una separación, ¿abre una posibilidad que no habías contemplado?	sí	no
2.	¿Experimentas cierta tranquilidad si eliges esta opción intermedia?	sí	no
3.	¿Confías en que dar el paso de separarte creará una distancia entre tu pareja y tú que facilitará una clarificación?	sí	no
4.	¿Confías en que dar el paso de separarte abra una posibilidad real de transformación en ti?	sí	no
5.	¿Confías en que dar el paso de separarte podría abrir una posibilidad de transformación en tu pareja?	sí	no
6.	¿Piensas que separarte facilitará que tomes una decisión definitiva en cualquier sentido con más claridad y seguridad?	sí	no

¿Qué razón o razones para separarte tendrían más sentido para ti?

Razones	Tacha aquí
Obtener una perspectiva diferente de tu relación y clarificar si tiene o no solución.	
Obtener una perspectiva diferente y transformarte o transformar la relación.	
Crear un nuevo modelo de relación, probablemente con más distancia pero no con menos compromiso.	
Dar un primer paso en el proceso de divorcio.	

B. Trabajo de introspección

Reflexiones

Conclusiones

Si tu decisión es **divorciarte**		
A. Trabajo individual		
1. ¿Estás decidido a dar por terminada tu relación de pareja?	sí	no
2. ¿Eres consciente de que la decisión de divorciarte difícilmente tendrá marcha atrás?	sí	no
3. ¿Alcanzas a ver que el proceso de divorcio implica «des-atar» muchas áreas de la vida que están hoy vinculadas a tu pareja?	sí	no
4. ¿Visualizas el alcance de transformación de tu vida y la de todos los implicados si tomas esta decisión?	sí	no
5. ¿Has pensado en el impacto sobre tu economía?	sí	no
6. ¿Has pensado en el impacto sobre tu familia?	sí	no
7. Si tienes hijos, ¿has pensado en el cambio de vida que les supondrá?	sí	no
8. ¿Sabes a qué retos te enfrentas con tu entorno en caso de que tu decisión no sea bien vista?	sí	no
9. ¿Eres consciente de que no existe nadie que pueda satisfacer todas tus necesidades?	sí	no
10. ¿Confías en poder encontrar en un futuro alguna relación que te proporcione algo suficientemente bueno?	sí	no
11. ¿Asumes la posibilidad de estar solo en vez de volverte a involucrar en una relación insuficiente?	sí	no
12. ¿Sabes con qué recursos materiales cuentas para dar este paso?	sí	no
13. ¿Sabes con quiénes cuentas para dar este paso?	sí	no
14. Sabes que el divorcio no será fácil, pero en tu caso, ¿vale la pena intentarlo?	sí	no

8. GESTIONANDO LO QUE SIENTES

Por muy larga que sea la tormenta, el sol
siempre vuelve a brillar entre las nubes.
JALIL GIBRAN

Seguramente puedes darte cuenta de que el proceso que has vivido en relación con la permanencia o el fin de tu relación de pareja conjuga una infinidad de estados emocionales. Quizá te hayas sentido como en una montaña rusa, con subidas de entusiasmo y esperanza, y de pronto bajadas de miedo, enfado y desesperación. Es normal que experimentes una gama diversa de emociones en el trayecto, sea cual sea el camino que hayas elegido. ¡Raro sería que te mantuvieras impávido ante lo que has trabajado y resuelto con un tema tan importante!

Lo que pretendemos en este capítulo es que logres entender tu mundo emocional para que puedas interpretarlo y aprender a controlarlo a tu favor en el proceso de decisión/acción que atraviesas. Si bien ya estás prácticamente definido en cuanto a tu decisión, falta armar una estrategia para llevarla a cabo y, más aún, ejecutarla reflexiva y cautelosamente.

Hoy más que nunca la inteligencia emocional forma parte central de la inteligencia humana: sin emociones careceríamos de información relevante para tomar decisiones en nuestra vida, pero desbordados por ellas nublaríamos nuestra capacidad de pensar y actuaríamos desde una reacción impulsiva que no correspondería necesariamente a la situación que tenemos que afrontar.

¿Emociones o **sentimientos?**

Todos experimentamos emociones; forman parte natural de lo que somos y de quienes somos. Las emociones son un conjunto complejo de respuestas químicas y neuronales producidas por el cerebro ya sea porque detecta un estímulo exterior «real», es decir, por la interacción con el exterior, o por un recuerdo que existe en nuestra mente que desencadena una emoción con las respuestas automáticas correspondientes.

Estas respuestas son una primera reacción que proviene de un cerebro que ha sido equipado para responder a determinados estímulos exteriores: la primera réplica que demos será un cambio en el estado del propio cuerpo, que tiene como finalidad propiciar que el organismo se oriente hacia su supervivencia y bienestar. Por eso podríamos decir que las emociones son como una especie de radar que capta lo de fuera, es decir, lo primero que impacta en el cuerpo.

También tenemos una variedad de repertorios conductuales aprendidos a lo largo de toda una vida de experiencias; por eso la continuación e intensidad de este estado emocional primario se debe a los sentimientos que genera. Entonces, primero se desencadena una emoción, seguida de una acción, y a continuación los posibles sentimientos. La emoción pertenece a una reacción corporal y el sentimiento a una elaboración mental.

Es importante, pues, distinguir las emociones de los sentimientos. Estos últimos no son reacciones primarias que apuntan a la conservación y a la supervivencia, sino que son interpretaciones mentales producto de una elaboración cultural o de significado, y, por tanto, están mediados por nuestro sistema de creencias. A lo que me amenaza de fuera —emoción— le doy un significado —sentimiento—.

Explicado así parece claro y sencillo; no obstante, en la realidad las dos experiencias ocurren casi simultáneamente. Sin embargo, los pensamientos que se relacionan con la emoción llegan poco después de que esta haya comenzado, de ahí la dificultad de distinguirlos.

Si bien tenemos una predisposición genética a ser más o menos emocionales, mucho de lo que hacemos en el terreno de nuestra afectividad está moldeado por la cultura. Si hemos aprendido de nuestro contexto social, de nuestros padres y de la educación que hemos recibido que los sentimientos y emociones no deben manifestarse ni expresarse, muy probablemente desarrollaremos un analfabetismo emocional y nos sentiremos extremadamente vulnerables ante ellos, por carecer de un aprendizaje adecuado para manejarlos cuando surjan en nuestro interior.

Este analfabetismo emocional —y de alguna manera sentimental— se debe también, además de lo aprendido en nuestra historia, a heridas de la infancia. Todos, de una u otra manera, hemos crecido gracias a mecanismos de defensa que nos han preservado del dolor emocional. Los mecanismos de defensa tienen que ver justamente con la manera de suavizar la intensidad de nuestros sentimientos, llegando muchas veces a distorsionarlos con el propósito de no ser lastimados de nuevo.

A lo largo de este libro hemos insistido en que la negación y la evasión no te van a permitir afrontar la realidad que vives y responder adecuadamente a ella. Si bien las defensas —racionalizar, proyectar, negar, evadir— en su momento cumplieron funciones importantes de protección de tu integridad emocional en situaciones que no sabías o no podías gestionar, llega un momento en que entorpecen, más que facilitan, la resolución de conflictos.

El lenguaje de nuestro mundo emocional

Las emociones tienen todo un lenguaje propio que hay que escuchar y aprender a descifrar, ya que de alguna manera resume lo que hemos vivido —grato y doloroso—, así como da cuenta de nuestras preocupaciones, anhelos y temores. Estar atentos a nuestro mundo emocional, reconocer lo que está detrás de nuestras conductas, es una herramienta valiosa que nos permite comunicarnos con nosotros mismos. Quien no puede contactar consigo mismo difícilmente podrá comunicarse con los demás.

Confiar únicamente en el intelecto para conocerse y conocer el mundo circundante es una estrategia limitada y generalmente inhumana. No sentir es no estar vivo: los sentimientos expresan experiencias de dolor o de gozo, mientras que el pensamiento es la explicación de esa herida o de ese deleite.

El problema de una gestión alienada de nuestra vida emocional es que tanto los sentimientos como las emociones no reconocidas, expresadas y aceptadas nos llevan a prolongar su efecto doloroso, produciendo síntomas que merman la calidad de nuestra vida —cansancio, jaquecas, gastritis— y consumen nuestra energía. La agresión, la represión y la depresión serían efecto de estrategias defensivas inoperantes que resultan más perjudiciales que beneficiosas para el funcionamiento cotidiano.

A veces enajenamos nuestra experiencia emocional porque connotamos lo que sentimos desde un parámetro ético. Es importante, por eso, aclarar que los sentimientos no están sujetos a juicio moral: no son buenos ni malos, simplemente son. Pueden resultar agradables o desagradables, placenteros o molestos, producir energía positiva o negativa, por lo cual hay que saber canalizarlos, pero es un error sentirnos buenas o malas personas por los sentimientos que experimentamos: a veces atravesaremos experiencias gozosas que nos harán sentir bien, tranquilos, contentos, y en ocasiones experimentaremos situaciones de crisis que nos producirán justo los sentimientos contrarios.

La calidad de nuestra vida depende en gran parte de la manera en que enfrentamos nuestros sentimientos y emociones, tanto en la resolución de nuestros problemas como en la conquista de nuestros anhelos e ilusiones. La vida en pareja no queda fuera de este paradigma; de hecho, está bastante determinada por nuestra competencia emocional.

Ser pareja es un hecho muy cargado emocionalmente: nos conecta con nuestros propios padres, con experiencias tempranas de vida, con carencias y necesidades profundas. Del mismo modo, la cuestión de la viabilidad y oportunidad de continuar con nuestra relación crea una tormenta emocional que requiere ser aceptada, interpretada y manejada oportunamente. Cualquiera que sea el camino que elijas tomar, tu adecuación emocional y la conducción acertada de tu comportamiento no solo te permitirán gestionarlo mejor, sino que lograrás un dominio emocional que solo se conquista como efecto de la madurez.

No olvides algo importante: si bien el mundo emocional no puede ser connotado moralmente, las conductas sí. No puedes ser juzgado por lo que sientes, pero eres totalmente responsable del efecto de las acciones que emprendas. Si ahora eres consciente de que las emociones fuertes impulsan a la acción irreflexiva, hoy más que nunca, en medio de la tormenta emocional que estás atravesando, requieres aprender a tranquilizarte y detenerte a pensar antes de actuar.

¡Tormenta emocional! Necesito un paraguas...

Estando en medio de la tormenta emocional en que te encuentras, te sorprenderás al ver que puedes aprender a controlarla, pero más aún al evidenciar los efectos positivos que esto tiene en tu persona y en tus decisiones. Es imposible evitar experimentar lo que sientes; de hecho, hemos dicho que una estrategia de ese tipo resulta contraproducente; sin embargo, podrás acoger tus emociones, mantenerlas vivas, aunque previniéndote para que no te ahoguen y tomen el control de toda tu vida.

La clave para lograrlo es comprender el significado que le das a ciertas situaciones y reconocer el efecto emocional que esto produce en ti. De esta manera, desarrollarás una mayor tolerancia ante las incomodidades emocionales que experimentas, tomando de ellas la información que te aportan y gestionando su impulso para no reaccionar mal.

A continuación exponemos una lista de las habilidades que necesitas para controlar tus emociones.

1) **Deja de resistirte a los «malos sentimientos».** Recuerda que todos tenemos emociones negativas que nos hacen sentir mal, tristes o malos. Experimentarlas no significa que haya algo malo en ti; por tanto, evita esconderlas mediante tácticas que te resultarán contraproducentes: embotarte con la televisión, comer en exceso, consumir alcohol, criticar... entre otras.

2) **Administra tus emociones.** Tus sentimientos y emociones sobre un evento son una cosa y la manera en que los interpretas otra. El significado o pensamiento que demos a los sucesos que vivimos es lo que comienza a filtrar los sentimientos y determina el siguiente nivel emocional que experimentaremos.

Siempre puedes escoger cómo interpretar los aconte-cimientos de tu vida. Al cambiar tu interpretación, mo-dificarás la manera en que te sientas al respecto, así como tu forma de actuar ante los mismos. La mayoría de tus emociones están filtradas por tus pensamientos, los cua-les han sido moldeados sobre todo por tus experiencias pasadas más que por la situación misma que atraviesas. Por eso cada persona da respuestas emocionales diferen-tes ante el mismo evento.

3) **Crea hábitos en el pensamiento y crearás hábitos en el sentimiento.** Gran parte de tu perspectiva de la vida se basa en lo que aprendiste en tu niñez: inconscientemente desarrollaste maneras de pensar, las cuales eventualmen-te se han convertido en hábitos. Hasta el día de hoy, tus pensamientos están tan preprogramados y arraigados que probablemente la mayoría del tiempo no te das cuenta de su presencia, y cuando tienes los mismos pensamien-tos una y otra vez, los llegas a considerar verdaderos y a confiar en ellos sin reconocer que están determinando tu experiencia de vida. Puedes incluso llegar a asumir que todos ven al mundo de la misma manera que tú.

Por eso, primero has de desarrollar la habilidad de reconocer que tus pensamientos están ahí presentes. Esta conciencia te permitirá crear un filtro, estar más abierto a las reacciones de los demás y escoger tu propia manera de reaccionar. Cambiar de hábitos es un proce-so que lleva tiempo y práctica, si bien paulatinamente podrás notar que este cambio te permitirá ver el mundo desde otra perspectiva y por tanto reaccionar de diferen-tes maneras.

4) **Resignifica tus pensamientos y tus sentimientos res-ponderán de forma diferente.** El significado que le das a ciertos eventos puede cambiar cuando conscientemente

haces un esfuerzo por interpretarlos de forma diferente. Las creencias que tienes de ti mismo y del mundo tienen una gran influencia en cómo te sientes sobre ti mismo, tu pareja y tu relación. Los pensamientos que están detrás de estas creencias se hallan insertos en tu mente y no son resultado de lo que has aprendido de ti mismo, por lo que pueden ser reemplazados con creencias y pensamientos nuevos. Abre tu mente a nuevas posibilidades de pensar y pensarte. Esto lleva tiempo, pero puede ser muy valioso en tanto que transformará tus reacciones ante ciertas situaciones de la vida.

5) **Distingue las emociones filtradas de las que no lo están.** Los sentimientos que no se filtran son constructivos, ya que suceden en el presente y responden a la situación que estás viviendo. Al reconocerlos y sentirlos, eventualmente pasarán. Por el contrario, las emociones filtradas no tienen propósito, ya que son visiones positivas y negativas, del pasado o del futuro, basadas en tus creencias sobre ti mismo, sobre los demás, sobre la vida. Claramente, no nos beneficiamos de ellas y pueden durar tanto como queramos, hasta que controlemos los pensamientos que las crean.

Aunque el sentimiento o emoción experimentada sea el mismo —miedo, ira o tristeza—, es importante distinguir lo que causó ese sentimiento. Normalmente optamos por evitar las emociones no filtradas en tanto que son intensas y nos hacen sentir fuera de control. Sin embargo, son ellas las que justamente traen consigo información necesaria para responder de manera oportuna a lo que nos está pasando, ya que, a diferencia de las emociones filtradas, que están basadas en una historia que nosotros creamos, estas nos muestran la realidad actual.

6) **Confirma lo que sientes.** Si bien las emociones básicas se parecen —felicidad, sorpresa, enfado, tristeza y miedo—, cuanto más simple sea la experiencia de la emoción mayor será la probabilidad de que esta sea una emoción no filtrada. Recuerda que la mayoría de nosotros trata de tapar estos sentimientos, o de controlarlos de alguna manera inventando historias que nos hagan sentir que tenemos la situación dominada. Estas historias generan una nueva serie de emociones, las filtradas, pero ya que somos nosotros quienes las han escrito nos aporta una sensación de menor vulnerabilidad y mayor control de nuestros sentimientos.

Cuando te encuentres atrincherado en tus emociones, detente y hazte las siguientes preguntas: ¿qué estoy sintiendo? ¿Por qué? La clave para mejorar tu proceso radicará en tu habilidad para identificar los momentos en que lo que sientes se debe a un evento real, versus cuando sientes emociones filtradas a causa de la historia que te cuentas a ti mismo repetidamente. Recuerda que las emociones no filtradas dan mucha mejor información para reaccionar de acuerdo con la situación actual.

7) **Saca a la luz tus emociones no filtradas para que su interferencia sea menor.** Es posible que tengas tantos filtros, y que estés tan enfocado en escuchar las historias filtradas resultantes, que no puedas creer que alguna vez hubo una emoción no filtrada en el origen de tu experiencia. Para entender este sentimiento radical escribe el evento ocurrido seguido de lo que te hace sentir: quizá no recuerdes tu reacción inicial, pero al observar tus pensamientos ya filtrados podrás cuestionarte más fácilmente los que aquellos generan y así descubrir los filtros asociados a cada pensamiento. Si esto no te sirve, trata simplemente de despersonalizar la situación para

entenderla mejor y plantea qué experimentarías si lo que ocurre fuera la vivencia de otra persona.

8) **Controla tus emociones filtradas.** Una vez que tengas escritas tus historias puedes empezar a analizar si son reales o no, e incluso puedes compartirlas con alguien cercano para que te dé su punto de vista. Si separas las emociones que sientes al considerar la posibilidad de terminar o continuar tu relación, las historias construidas se volverán particularmente evidentes. Por ejemplo: «siento miedo cuando contemplo la posibilidad de terminar». El miedo es una emoción normal que surge en la mayoría de las personas que atraviesan una decisión de ruptura. Pregúntate: «¿por qué siento esta emoción?». Por ejemplo, «tengo miedo porque voy a estar solo, o no voy a tener con quién hablar, quizá porque no conozco todo lo que implica una separación o un divorcio, nadie me amará de nuevo, o porque ya soy muy viejo para salir con otra persona».

Dependiendo de tu respuesta, podrás darte cuenta de si tus miedos están basados en la verdad, si son exagerados o si son completamente inventados desde tu desconocimiento y tus prejuicios. Este ejercicio te permitirá distinguir qué emociones te sirven para actuar adecuadamente y cuáles entorpecen tu proceso.

Atravesando el duelo

Si bien nos estamos adelantando a una etapa que estás a punto de vivir, nos sentimos con la necesidad de anticipar, para tu mayor preparación, que si optas por una ruptura será inevitable que atravieses un proceso de duelo. De hecho, resistirte al mismo obstruiría tu camino de recuperación.

Este ciclo no es lineal: normalmente se salta y se regresa de una fase a otra a lo largo de las diferentes etapas del proceso. Cada persona lo experimentará de manera diferente, y por lo general dura entre seis meses y tres años. Conocer las fases te ayudará a identificar de manera más clara lo que te ocurre y a sentirlo sabiendo que es una etapa que pasará:

Fase 1: Pérdida inicial

Shock, incredulidad, negación. Estas son las emociones y reacciones comunes al darte cuenta de que tu pareja no es quien creías que era o no llegó a ser quien creías que iba a ser.

Fase 2: Protesta

Enfado, negación, una montaña rusa de emociones, negociación, deseos de recuperar el pasado, estrés. Al darte cuenta de que quizá no quieras seguir con tu pareja, probablemente intentarás negar tus emociones y dejar de enfocarte en los aspectos negativos de la misma. Te sentirás triste y frustrado intentando recuperar en tu interior el pasado para ser felices como lo fuisteis en un tiempo pasado.

La montaña rusa de emociones que experimentarás irá desde sentimientos de ira hasta sentimientos de miedo, angustia y desesperación. Es una fase desgastante, ya que utilizarás casi toda tu energía para tratar de dejar de sentir tantas emociones negativas. Confía en que pasará.

Fase 3: Desesperación

Duelo y depresión, desorganización, propensión a accidentes y enfermedades, angustia. Has llegado a un nivel más profundo de dolor y te has dado cuenta de que ya no puedes seguir en esta situación. Comienzas a entender la realidad en tanto que una gran tristeza te inunda por no haber logrado tu sueño. Estás también algo confundido, preocupado y sientes que tu mundo se derrumba. Te sientes sin esperanza ni control alguno.

A causa de todos estos sentimientos, no tienes mucha fuerza y no estás muy presente en lo que pasa a tu alrededor, por lo que te percibes muy vulnerable a un accidente o alguna enfermedad. Cuídate de manera particular, todo pasará.

Fase 4: Separación/Desapego

Apatía, introspección, aislamiento, renuncia. Lo primordial que sentirás en esta fase es un alejamiento de la sociedad, una menor interacción con los demás. En este momento es importante que pongas tus necesidades por encima de todas las personas que están a tu alrededor. Si tienes hijos, pide apoyo.

Después de utilizar tanta energía tratando de cambiar a tu pareja o de lograr que las cosas funcionen, probablemente te des por vencido y te dejen de importar muchas cosas que antes te parecían relevantes. Recuperarás poco a poco la fuerza y la energía con la que podrás pasar a la siguiente fase, establecer metas y comenzar a interactuar de nuevo con los demás.

Fase 5: Reorganización

Paz interior y aceptación, establecimiento de nuevas metas, implicación renovada, más fuerza, introspección, optimismo y alegría. Si bien las fases anteriores no son lineales, no puedes llegar a esta sin haber pasado por las anteriores, ya que esta última etapa es un estadio de renovación donde experimentarás emociones de felicidad, paz interior, aceptación, optimismo y alegría. Destellos de estas emociones llegan a entremezclarse a lo largo del proceso, pero por lo general no llegarán a manifestarse hasta que hayas aceptado tu realidad o te sientas convencido de que tomaste una decisión correcta.

La felicidad que sientas en esta etapa será la puerta que te dará la entrada al siguiente capítulo de tu vida. Llegando a este punto podrás pensar ya en el futuro con la fuerza, las emociones positivas y la introspección necesarias para hacerlo.

Entre la culpa y el resentimiento

Salvo algunos casos en que ambos miembros de la pareja eligen de común acuerdo trabajar en su relación —hasta incluso acordar la separación si se considera necesaria—, generalmente es uno de los dos quien está más insatisfecho y lleva la batuta del proceso: desde promover el cambio hasta, en ocasiones, llegar a la petición de la separación definitiva. Así es que podríamos decir que en todo proceso de recuperación o de término de la vida de pareja un miembro es el promotor y el otro el seguidor o resistente en caso de rechazar el cambio. En el supuesto de una ruptura podríamos llamarlos *terminador* y *terminado*.

En términos generales, cada uno de los integrantes tendrá que enfrentar un proceso de duelo diferente, siendo la culpa un desafío particular del primero —iniciador o terminador—, y el resentimiento del segundo —seguidor o terminado—. Abordemos las manifestaciones de ambos sentimientos para entender los desafíos que uno y otro tendrán que gestionar.

La culpa se produce cuando lo que haces no está sincronizado con lo que piensas; casi siempre es porque tus acciones no están a la altura de alguna norma aprendida. En este sentido, podemos afirmar que si la norma transgredida es factible y está basada en principios éticos, es probablemente oportuno que experimentes culpa. Pero si la norma te fue impuesta, no la has elegido por cuenta propia ni tiene sentido en tus circunstancias particulares, tus sentimientos de culpa serán poco productivos.

Cuando propones transformar una relación, o bien eliges terminarla, puedes sentirte algo culpable. Sin embargo, cabe señalar que una culpa irracional extrema es señal de que algo no anda bien. La culpa excesiva no te ayudará a tomar decisiones acerca de la manera en la que debes plantear tu problema y vivir: puedes sabotear tu futuro buscando maneras de detener el proceso e incluso de castigarte como estrategia de alivio.

La conducta llena de culpa en ocasiones alberga un sentimiento de ira. Quizá durante mucho tiempo te hayas sentido herido por tu pareja y las circunstancias te han impedido reconocerlo y decírselo. Un enfado reprimido pudo llevarte a albergar sentimientos de revancha. ¡Cuidado! No te vayas al extremo de agredir, pero tampoco de agredirte sintiéndote culpable innecesariamente.

La intensidad y la gestión de la culpa también varían si has planteado adecuada o inadecuadamente tu malestar y tus quejas. Si has planteado lo que quieres con valentía y claridad, y pese a la crítica o resistencia de tu pareja has luchado con integridad por una relación mejor sin destruir a nadie en el intento, no tienes por qué sentirte culpable. Incluso puedes llegar a ser un «buen terminador» haciéndote responsable de tu decisión y siendo cuidadoso con los implicados, reconociendo tu parte en la ruptura y midiendo los efectos de la misma.

Por su parte, los «malos terminadores» tienden a parecerse mucho a los niños que se fugan de casa: creen que la comida es más sabrosa en casa del vecino y que lo único que les falta para ser felices es salirse de la relación y encontrar a alguien mejor. Muchos de ellos se marchan rápidamente sin siquiera explicar las razones que tuvieron para querer separarse.

Hablemos ahora de los seguidores o terminados: si ocupas la otra cara de la moneda en la relación, o incluso en una próxima separación, tu dolor emocional puede ser aparentemente más grande que el de tu pareja, que fue quien inició el proceso. Especialmente te puede resultar difícil dejar ir la relación. Esto se debe a que es probable que consideraras que la relación no era suficientemente mala como para cambiar algo y menos aún para terminarla. Con toda seguridad, la posición que ocupas en esta crisis te hará sentir herido y vulnerable: ¿qué es lo que no vi?, ¿qué hice mal?, ¿acaso no soy digno de ser querido?

Experimentar esto habla de un sentimiento de rechazo que probablemente sufres, y esta sensación te convierte en alguien vulnerable. Para aceptar esta condición tienes que creer en tu fuerza interior. También es necesario saber que cualesquiera que sean tus defectos, no son únicos ni muy diferentes de los de otros. Y es que la experiencia de rechazo, incluso de abandono, sin duda magnifica tus sentimientos de inseguridad.

No todo está mal: ¡eres una persona que vale la pena! Tienes algo especial que ofrecer a los demás, pero para recuperar tu seguridad tendrás que explorar diversas situaciones que te permitan apropiarte de tus recursos y capacidades. Un punto medio y saludable para avanzar en tu proceso sería preguntarte qué has perdido realmente en toda esta crisis y si sabías que eso era tan importante para ti. Un «buen seguidor o terminado» se hace cargo de su dolor, lo trabaja y lo atraviesa. La actitud contraria sería culpar al otro de todo lo que os ocurre.

Cualquiera que sea tu posición en esta crisis, vivirla y aceptarla te permitirá campearla oportunamente y aprender de ella, y venga lo que venga, te reconstruirás con más rapidez.

CUADRO DE VALORACIÓN

Gestionando lo que siento

A. TRABAJO INDIVIDUAL

1.	Tiendes a ser una persona sensible y emocional en tu vida.	sí	no
2.	En esta etapa, en particular, te sientes más sensible y emocional.	sí	no
3.	Distingues cuando experimentas una emoción o un sentimiento.	sí	no
4.	Eres capaz de nombrar diferentes emociones: tristeza, envidia, miedo, alegría, ira, emoción, celos…	sí	no
5.	Entiendes con serenidad que lo que sientes no es bueno ni malo, que simplemente es.	sí	no
6.	Te haces cargo de las acciones que realizas, sea cual sea la emoción que las provoca.	sí	no
7.	Reflexionas sobre los pensamientos que alimentan tus reacciones emocionales.	sí	no
8.	Escuchas el lenguaje de tus sentimientos para aprender de ti y gestionar mejor tus decisiones y acciones.	sí	no
9.	Distingues las emociones filtradas de las no filtradas.	sí	no
10.	Aceptas que la situación por la que atraviesas aviva la intensidad de tu mundo emocional.	sí	no
11.	Te preparas emocionalmente para atravesar con éxito el proceso que estás viviendo.	sí	no

Reflexiones

Conclusiones

9. CONSERVANDO TU ENERGÍA

No te rindas, por favor no cedas, aunque el frío queme, aunque el miedo muerda, aunque el sol se esconda, y se calle el viento, aún hay fuego en tu alma, aún hay vida en tus sueños. Porque la vida es tuya y tuyo también el deseo, porque cada día es un comienzo nuevo, porque esta es la hora y el mejor momento, porque no estás solo, ¡porque yo te quiero!

MARIO BENEDETTI

Quien se para a llorar, quien se lamenta contra la piedra hostil del desaliento, quien se pone a otra cosa que no sea el combate, no será un vencedor, será un vencido lento.

MIGUEL HERNÁNDEZ

Te acercas al final del libro. Es mucho lo que has reflexionado y trabajado en tu interior. ¿Estás listo para dar el paso siguiente? Lo que te falta no consiste en seguir dando vueltas en tu cabeza a los pros y contras de lo que has elegido. Lo más importante en este momento es mantener tu decisión, pero sin aferrarte a los caminos que te llevarán a ella; es decir, moverte hacia el objetivo que te has planteado, estando abierto a escuchar la retroalimentación que se derive de tus acciones para poder alinear tu estrategia de afrontamiento. No hay manera de rectificar una ruta más que avanzando en ella; a lo largo del recorrido uno puede verificar que lo decidido corresponde a sus necesidades y valores profundos.

No te estamos invitando a cambiar tu elección en un par de semanas; por el contrario, te pedimos que confíes en tu voz interior y que mantengas lo que te has propuesto. Pero mientras avanzas, la realidad —más que tu pensamiento rumiante— te indicará si hay algo que tienes que revisar para seguir tu camino.

Un buen amor

Te preguntarás por qué a estas alturas del camino queremos introducir el tema del amor; tal vez pienses que, dado el proceso que estás atravesando, hablar de este tema es poco práctico, incluso doloroso. Quizá en este momento te parezca que hablar de amor es una broma pesada, o, peor aún, dudas de que este —al menos como lo soñabas— sea una posibilidad real de ser vivida.

Sea cual sea la decisión que vayas a tomar, ciertamente lo haces en busca de una vida mejor; si el asunto que estuvieras resolviendo fuera de índole laboral, social o escolar, el tema del amor estaría de más, pero seguramente la elección de irte o quedarte te deja vislumbrar que mereces una relación amorosa más acorde a quien eres ahora, más satisfactoria, más placentera… Por eso vale la pena entrar en el tema del amor y desbancar, por un lado, la idea mítica del amor ideal, ese que «todo lo puede y todo lo soporta», pero también combatir, por el otro, la tendencia catastrófica a afirmar que el amor no existe.

El amor adulto siempre nos dejará un poco insatisfechos. Nunca encontraremos a alguien que nos colme totalmente y que «nos haga plenamente felices». La satisfacción en la relación amorosa, aunque se dé entre dos personas, debe llegar por más fuentes: es importante tener redes de apoyo que nos brinden amor, cariño, diversión y crecimiento. La felicidad es una conquista personal y se alcanza más como consecuencia de involucrarse en proyectos valiosos que den sentido a nuestra vida, que como un logro derivado de una decisión o de una acción concreta. Por supuesto, hay elecciones en la vida que nos acercan o nos alejan de un estado de plenitud, pero siempre es el cúmulo de las mismas y sus efectos en nosotros y en otros lo que nos produce bienestar.

Una de esas decisiones nodales es sin duda la elección y el cultivo de un buen amor, el cual también favorece un estado de felicidad. Pero un buen amor nunca es perfecto y tampoco se corresponde con exactitud con nuestros sueños y con nuestras expectativas. Quizá la manera de medir un buen amor sea más reconociendo los efectos que tiene en nosotros que contando las características objetivas del amado. Por eso queremos que distingas lo que para nosotros son señales de que se tiene un amor suficientemente bueno.

Reflexionar sobre el amor te permitirá confirmar la decisión tomada. Los problemas mal gestionados pueden desgastar el amor, pero uno bueno también está atravesado por diversos problemas. Es importante no valorar una relación por los conflictos en sí, sino por la gestión que de ellos se puede hacer dentro de la misma. Si lo que te vamos a plantear ha estado fuera de tu relación desde el inicio, difícilmente podrá conseguirse a estas alturas del camino. Si lo tuviste y lo perdiste, habrá que considerar si se puede recuperar con manejando adecuadamente la situación, y, si es demasiado tarde, será mejor ir soltándolo de una vez.

La experiencia de lo que sea el amor se decide desde la propia realidad, y no desde lo que el otro dice sentir por nosotros. Nuestra pareja puede decir que nos ama sin que nos sintamos amados por ella, y, finalmente, pesa más nuestra experiencia que sus palabras y sus deseos.

Un buen amor:

1) Abre posibilidades

Una relación amorosa ha de ampliar nuestras opciones de vida, y no, por el contrario, cerrarnos puertas. La relación amorosa facilita que los miembros de la pareja logren realizar ideas, proyectos, pensamientos y planes abriendo su mundo de posibilidades. Un buen amor colabora en hacer posibles sueños, que por ser difíciles o peligrosos son poco factibles de alcanzar para una persona sola. La relación amorosa ha de implicar un intercambio de intereses, deseos y valores personales que, siendo de uno, se transmiten al otro y, así, se enriquece la vida de los miembros de la pareja.

2) Produce placer

El amor, el verdadero amor, produce placer. Esto no significa que no haya momentos de dificultad y sufrimiento, pero aun así estos no anulan del todo los espacios gozosos. ¿Tu relación es placentera —entendiendo el placer en todas sus variantes, incluyendo por supuesto el placer sexual—? Quizá una condición para el placer y el gozo con el otro es aceptarlo como una persona diferente, completa e irreductible. Ser iguales en todo, que guste lo mismo, no tolerar las diferencias, mata el deseo… Solo a través de la aceptación y el disfrute de las diferencias podemos gozar de los aspectos positivos de la pareja y tolerar los negativos sin resentimiento y sin necesidad de buscar el placer en otras relaciones.

3) Es transgresor

El buen amor no se conforma con lo común y corriente. Es transgresor, y con eso queremos decir que es privado, secreto, incluso raro o diferente. El amor verdadero desafía ciertas convenciones, es rebelde…. ¿Cómo se sabe esto? Los amantes de vez en cuando realizan acciones inenarrables, incluso vergonzosas para el orden social. Estas acciones solo tienen significado y valor como parte del intercambio de pareja. En un mundo posmoderno lo meramente sexual, lo genital, ya no es transgresor. Consideraríamos que así fueran modelos amorosos poco convencionales, las relaciones de pareja no patriarcales, las no basadas en el matrimonio, entre otras muchas cosas que solo define y preserva para sí la pareja.

4) Genera madurez

La relación amorosa es una relación entre iguales desarrollada en la madurez personal. Entendemos la madurez como la capacidad de ser autónomos del medio que nos rodea: gestionar con eficacia la obtención de nuestros deseos, necesidades, valores e intereses. Para ser maduro se requiere tener en cuenta al otro: caben mis necesidades y caben las tuyas también; son los inmaduros quienes se sienten el ombligo del universo. Nada hay nada más triste que aquel que nunca ha logrado independizarse de su familia de origen y, por lo tanto, es incapaz de tener pareja, familia, una vida autónoma. No podemos ser independientes del todo; somos seres sociales; sin embargo, la persona madura elige sus interdependencias, maneja la frustración, puede posponer la gratificación inmediata en aras de logros mejores, afronta oportunamente los desafíos básicos de la vida...

5) Proporciona ternura

Al hablar de ternura no estamos refiriéndonos —necesariamente— a muestras empalagosas de amor. La ternura incluye todos esos gestos que nos permiten simbolizar la aceptación del otro como un ser auténtico y de sus proyectos personales como algo único e irrepetible. Las relaciones personales, y aún más las amorosas, siempre tienen una doble cara: son presas de la agresividad a la vez que dan placer. Por eso la ternura ha de estar presente en toda relación amorosa, pues es la acción que transmite el significado de que alguien, pudiendo ser agresivo o duro, es capaz de transformar esa posibilidad en amor y cariño hacia su pareja.

6) Da tranquilidad

Una relación, cuando ofrece apoyo y colabora en la solución de los problemas que surgen en el día a día, aporta serenidad. Por eso las relaciones de pareja que generan miedo, intranquilidad, angustia y suspicacia distan mucho de ser amorosas. El verdadero amor, cuando se instala en la cotidianidad, hace la vida más libre, segura, clara, acompañada, predecible y plácida para los que se aman, proporcionando —en la presencia diaria del otro— una sensación de bienestar y confianza.

Sobra decir que no pueden establecerse reglas. Solo tú podrás definir cuándo una relación amorosa es suficientemente satisfactoria y cuándo no. Lo que sí parece claro es que encontrar en uno mismo o en la pareja algunos de los componentes mencionados tiende a generar bienestar, crecimiento, y, por tanto, un intercambio que podemos considerar «amoroso». Una relación así, que da señales de ser un amor realista, deja ver el orgullo que sentimos al estar con nuestra pareja: una satisfacción profunda, no vanidosa, esa sensación elegante de tener a tu lado a, de estar y de aparecer con la persona que uno ama.

Por el contrario, si uno o más de estos efectos se hallan ausentes, la relación amorosa será frágil, y verá el menor resquicio como una oportunidad para salir de ella. Si no disfruto, si no me siento seguro, si no crezco, ¿qué hago en esta relación?

A veces un miembro de la pareja piensa acerca de los efectos de la relación sobre sí y sobre su amado de manera diferente a como lo piensa el otro; en este caso —que quizá haya sido el tuyo— nos hallamos a las puertas de un problema.

Algunas precisiones

Puede que durante la lectura de este libro hayan aparecido en tu horizonte gran cantidad de pensamientos y emociones. ¡Es lógico! Es incluso necesario: considerar el destino de tu relación de pareja no es cosa menor.

El esfuerzo que has realizado ha valido la pena: has atravesado un proceso que te da el conocimiento suficiente para dar el paso que quieres. También has podido distinguir lo que es normal y lo que no lo es en tu vida, para finalmente reconocer las opciones con las que cuentas, así como las ayudas de las que puedes echar mano para acometer tu decisión. Esta preparación te permitirá ahorrar tiempo, dinero y energía y, sobre todo, actuar de acuerdo con lo que valoras y requieres.

Es probable que aunque estés decidido te sientas ansioso. En un mundo ideal, tomaríamos todas las decisiones importantes de nuestra vida desde un lugar de absoluta paz y seguridad; sin embargo, la vida no es así, menos aún al contemplar una ruptura amorosa. Por esta razón, la estrategia de posponer la acción hasta que consideres que te hallas en calma total para actuar no es una buena alternativa. El cambio siempre genera una dosis de ansiedad: por más pensada que sea tu elección es difícil tener la certeza total de estar decidiendo lo correcto; el camino por recorrer será siempre nuevo y, por tanto, desconocido. Quizá te preguntas si hay riesgos: la respuesta es sí. Encarguémonos de que sean riesgos medidos y de que vayan en la línea de lo que consideras importante.

Es probable que la gente de tu entorno —pareja, familia, amigos— también se inquiete; por eso es importante que observes quién puede y quién no —ni tampoco le corresponde— acompañarte. Seleccionar de quiénes te vas a rodear en la transición se vuelve una decisión fundamental. No hay duda de que quien ya ha atravesado con éxito situaciones similares puede empatizar contigo y darte consejos sabios y experimentados.

Seis ideas para salir airoso

Es momento de poner a prueba tus recursos personales. El uso adecuado de tus capacidades, habilidades y destrezas permitirá que avances paso a paso para lograr tu objetivo. Recuerda que parte de tus recursos son las redes de apoyo que te rodean en el ámbito familiar, laboral y social: siempre habrá alguien sabio de quien echar mano cuando te topes con algún obstáculo en el camino.

A continuación exponemos algunas ideas que te serán de utilidad a lo largo del proceso. Léelas de vez en vez para hacer uso de ellas, pues son directrices que facilitarán que no te desvíes de tu propósito. Regresa una y otra vez a lo que has decidido con inteligencia y compromiso, y asegúrate de no perder de vista la meta final, que es la que dará sentido a tu caminar.

Trabaja contra el autoengaño

Estar lo más tranquilo posible no implica pretender que las dificultades no existan: negar las partes complicadas que afrontas es una forma de autoengañarte. Recuerda que habrás de enfrentarte a algunos problemas y necesitarás lidiar con ellos. La estrategia de negar los conflictos genera una tranquilidad pasajera que termina desembocando en los mismos problemas pero más crecidos. No actuar es una manera de retroceder y prolongar la ansiedad causada por la incertidumbre.

Agarrar el toro por los cuernos puede hacer la vida aparentemente más complicada, pero por difícil que esto sea, el autoengaño y el engaño a los demás siempre es la peor elección. Evitar los problemas crea aún más dolor y complicaciones que afrontar la realidad por dolorosa que sea. Es importante que, tras adquirir la información que has descubierto en cuanto a lo que deseas, respires profundamente y mantengas un diálogo interno para no silenciar tu voz interior.

Instalarte en la mentira implica derrochar muchos recursos físicos, psíquicos y en ocasiones incluso económicos. La realidad al final siempre se impone, así que «sé duro con la realidad y blando con las personas»: con tu propia persona y con todas las involucradas en la decisión que vayas a tomar.

Tómate el tiempo que necesitas

Salvo raras excepciones, no hay emergencia o razón alguna para apresurar impulsivamente la ejecución de tu decisión. Estas excepciones incluyen si tú o tus hijos estáis en peligro de ser violentados por tu pareja, o si eres tú el abusador de tus hijos o de tu pareja: en ambos casos es inaplazable una rápida decisión. Si alguna de estas situaciones se aplica a tu caso, es recomendable que busques ayuda profesional de terapeutas, doctores y jueces lo antes posible para no poner en riesgo la integridad física y psicológica de alguno de los involucrados.

Si tu situación es menos apremiante, te vendrá bien tomar un tiempo razonable para asentar tu decisión. Confía en ti mismo y reflexiona si te sientes presionado por algo o por alguien. No siempre habrá un indicador que te diga que tus tiempos o decisiones sean los correctos, pero definitivamente existen alarmas internas que suenan cuando no vas a tu propio ritmo. Retoma los ejercicios que has realizado a lo largo de la lectura de este texto para que vuelvas a contactar con tus sentimientos y tus reflexiones.

Recuerda que tomarte tu tiempo no significa que no te pongas una fecha límite: es fundamental que no extiendas la implementación de tu decisión. Una situación de ambivalencia no se puede sostener durante años.

Distingue las emociones «presentes» de las emociones «creadas»

Hemos dicho que la decisión que vas a tomar es generadora de una tormenta emocional. Por eso es importante desarrollar la habilidad de identificar los sentimientos que tienen que ver con la situación puntual que atraviesas de los que corresponden a experiencias anteriores que de alguna manera han dejado huella en ti. ¿El enfado, la tristeza, la alegría o el miedo que experimentas son debidos al proceso que estás atravesando? ¿Lo que sientes tiene más que ver con emociones creadas a causa de historias que te cuentas de ti mismo repetidamente?

Existen personas que tratan de atravesar los procesos dolorosos rápidamente para así evitar sus emociones presentes de tristeza, ansiedad o enojo. Lo que buscan, respondiendo así a los hechos que afrontan, es evitar el dolor y la frustración por no lograr satisfacer sus necesidades o hacer realidad sus deseos. Actuando de esta manera sin duda se elude la vulnerabilidad de tener que pedir lo que se necesita, o bien de tolerar la ansiedad de la transición; sin embargo, rehuyendo o desprendiéndonos de nuestras emociones verdaderas no podemos avanzar en el proceso: llegará el momento en que las emociones correspondientes afloren e irrumpirán en un desborde emocional que ya no se corresponda con lo que se está afrontando.

Cuando la pareja —o al menos uno de los cónyuges— descuida sus sentimientos reales y se esfuerza por quedarse en una situación poco sana o por irse antes de ponderar si hay algo que se pueda hacer por la relación, generalmente experimenta el efecto de haber tomado la decisión inadecuada sintiendo mucho resentimiento, ira y depresión. La sensación de estar atrapados y de no poder vivir de la manera que se desea genera frustración extrema y desesperación.

Recuerda que las emociones creadas impulsan a atravesar el proceso a mayor velocidad de la que este requiere y empujan a tomar decisiones basadas en un enfado sobre el pasado o el futuro, perdiendo de vista lo que ocurre en la realidad. Aunque las emociones presentes hayan aparecido desde el principio del proceso y como reacción lógica y oportuna a lo que estás viviendo, cuídate de no taparlas y evita que las emociones creadas tomen el control.

Separa tus metas de tus emociones

Esta idea se explica por sí sola. Al igual que algunas personas permanecen casadas por razones incorrectas, hay quienes se divorcian por las mismas razones. Básicamente, considera:

- No buscar la salida fácil. Cuando no te sientes bien, quieres evitar sufrir y quizá piensas que lo lograrás alejándote de tu pareja. Observa si no siguen apareciendo indicadores de que aún no es el momento correcto y evita tomar la decisión precipitada de marcharte.
- No quedarse por comodidad. Si estás considerando quedarte porque el dolor que conoces es mejor que el dolor que no conoces, es recomendable que desafíes tus falsos mitos y salgas de tu zona de confort.

Recolecta la información necesaria

Insistimos en que recolectar más apoyo e información en la línea que has elegido te puede ayudar a tener un conocimiento acuciante de tu opción y de ese modo afianzar tu decisión. Existe una gran cantidad de libros, artículos, páginas de internet y otros recursos de los cuales puedes obtener información. También tienes la opción de consultar a un juez, *coach*, mediador, terapeuta o especialista, simplemente para entender las consecuencias que se derivan de lo que vas a hacer. Si bien esto implica un cierto coste en tiempo y dinero, puede ser una inversión oportuna para este momento.

También te hemos propuesto que hables con amigos, familiares, vecinos y compañeros de trabajo que hayan pasado por un divorcio o que hayan estado a punto de romper y reconstruyeran su relación. Algunas historias personales de éxito te darán una mejor perspectiva de tu situación.

Observa tu decisión desde diferentes puntos de vista, investiga todo lo que requieras para confirmarla, pero si las charlas y consultas te hacen sentir más confusión que claridad, limítalas a aquellas personas con quienes compartas muchas similitudes.

Obtén retroalimentación y apoyo profesional

La intuición y el sexto sentido dan pistas para avanzar en el camino que emprendes, pero en una empresa de la magnitud de la tuya no esperes que el instinto te impulse a dar el paso siguiente. Hay quienes esperan la irrupción de una corazonada para decidirse a actuar y siguen esperando indefinidamente esa señal para continuar. Recuerda que decidirte entre marcharte o quedarte siempre incluye dos voces interiores: una que justifica la primera opción y la otra que justifica la segunda; al aceptar la coexistencia de las mismas, podrás tolerar el vaivén interno y contener cierta confusión sin detener tu marcha.

Por eso es importante no recorrer este proceso solo. Busca retroalimentarte y apoyo honesto y objetivo para reconocer los pasos que debes dar, los recursos que necesitas, y no te desvíes de tu objetivo. Un profesional especializado en rupturas amorosas y en la vida de pareja es quien mejor puede apoyarte en el recorrido. Sea cual sea tu decisión, necesitarás retroalimentación, *coaching* y contención. No dejes de asesorarte en las áreas que requieras: económica, emocional, mental, física y familiar.

Ejecutando la acción

A estas alturas del proceso no queda más alternativa que iniciar el camino. Será tu paso sostenido lo que te permita visualizar el trayecto y confirmar que vas por el sendero adecuado.

Imagina que emprendes un viaje. Antes de marcharte planificas todo cuanto puedas para asegurarte de tener las reservas básicas y las indicaciones necesarias para llevarlo a cabo, pero una vez has emprendido la aventura, sabes que aparecerán infinidad de situaciones que no se pueden anticipar y que solo se resuelven afrontándolas durante el camino. En los viajes, así como en la decisión que tomes ahora, siempre hay indicadores y apoyos para dar salida a los imprevistos que se presenten. Confía en que has hecho el trabajo necesario para llegar a buen puerto e inicia lo que debas.

No te eches a correr de manera desesperada: tu objetivo inicial es dar el primer paso —por pequeño que sea— y a continuación los siguientes, uno tras otro. Una carrera desbocada te agotará; un paso firme generará diferencias sustanciales en el proceso.

A continuación te ofrecemos indicaciones muy básicas para que empieces a avanzar:

1) **Haz un plan de acción.** Tras haber hecho las consultas necesarias a profesionales especializados, márcate una ruta. Anota tu meta y los pasos que tienes que ir dando —en tiempo y forma— para alcanzarla. Tu plan puede incluir la cantidad de detalles que necesites: especificar en quién te apoyarás o a quién consultarás en caso de que la situación se complique. De igual manera, puedes escoger un lugar alternativo en donde te quedarías en caso de irte, buscar una casa o apartamento propio, conocer tus derechos legales o investigar tu situación económica.

Cualquier cosa que te permita tener un mayor control y que te ayude a identificar tus opciones más claramente será parte de un plan inicial. Si no lo puedes hacer solo, pide la ayuda que necesites. Si obtienes una respuesta que no te convence, es recomendable que busques una segunda opinión.

No trates de lograr más de tres o cuatro tareas concretas en un periodo aproximado de un mes; recuerda que los procesos llevan su tiempo. Lo más recomendable es ir dando pasos pequeños hacia una dirección y luego, de ser necesario, hacer ajustes: confirma primero que la acción realizada es correcta y después da el siguiente paso.

2) **Ten un plan alternativo para usarlo en «caso de emergencia».** Quizá las primeras tareas que te propongas no resulten como deseabas y debas redireccionar tus acciones sin perder de vista tu meta. Ten a mano un par de opciones alternativas que sean viables para ti. No te desesperes; ya sabías que no todo se iba a dar necesariamente tal cual lo esperabas; eso no significa que no haya otros senderos para llegar a tu objetivo.

3) **No intentes decidirlo todo al mismo tiempo.** Si estás atento a la retroalimentación que recibes de cada acción tomada será más fácil decidir la acción siguiente. Insistimos en que vayas paso a paso: querer apresurar la llegada del futuro

te hará dar saltos en el presente que te impedirán usar la información valiosa que surja en el camino.

4) Cuida de ti mismo y de los demás involucrados. Tu pareja, tus hijos, en caso de tenerlos, y tú, aun en situaciones de crisis, merecéis lo mejor. La forma de hacer las cosas importa e influye de manera clara en los resultados finales de cualquier decisión. Hemos comprobado que los procesos que cuidan de las personas implicadas —generando contención en quienes los atraviesan—, por más dolorosos o inciertos que sean, conservan en todos una confianza básica que les permitirá afrontar mejor cualquier situación futura que se presente en sus vidas. No se trata de sucumbir a peticiones absurdas, sino de considerar las necesidades de todos los involucrados al tiempo que mantienes un sentido de integridad contigo mismo.

Otra manera de ser cuidadoso es preparándote y preparando lo más que puedas a tu familia: mental, emocional y económicamente. De cualquier modo, tus seres queridos y tú tendréis que tolerar cierta incertidumbre en tanto el camino solo se conoce al andarlo.

5) No esperes señales mágicas. Ya has hecho el trabajo que tenías que hacer. Hay quienes dejan pasar la vida intentando adivinar o entender las acciones de la pareja, o queriéndola convencer del propio deseo. A estas alturas del camino, tratar de entender o convencer al otro no es una opción; céntrate en lo que has trabajado, en lo que quieres, en lo que necesitas, lo cual no significa que seas descuidado con los demás.

No existe el momento perfecto; siempre encontrarás excusas para no iniciar tu caminar: un cumpleaños, un aniversario o cualquier festividad, por más triviales que sean, pueden impedir que emprendas tu proceso. No pospongas más tu decisión: respira profundo y dale...

CUADRO DE VALORACIÓN		
Ejecutando la acción		
1, 2, 3, ACCIÓN PARA INICIAR EL PROCESO…		
	Acción	Fecha
1.		
2.		
3.		

CONCLUSIONES

UNAS PALABRAS DE ALIENTO PARA TERMINAR...

Estás acabando la lectura de este libro pero no has llegado al final del proceso que has iniciado. Por el contrario, hoy comienzas el recorrido que te llevará a respetar tus necesidades, tus deseos y tus valores en aras de una vida mejor. Las reflexiones que realizaste al final de cada capítulo no solo te han dado claridad de decisión, sino que te han equipado con algunas herramientas básicas para gestionar lo que sea que necesites a partir de este momento. Confía en el trabajo que has hecho, en tu voz interior, confía en ti.

No estás solo: infinidad de personas se cuestionan su bienestar dentro de una relación de pareja. El propósito de tu decisión será respetarte a ti mismo sin descuidar a la otra parte; tu objetivo final está sustentado en un razonamiento impecable, en una escucha de tus emociones y en una respuesta dada con responsabilidad.

Si vives una relación inadecuada, de ti depende ponerle fin: primero en tu pensamiento, después en la acción que estás a punto de iniciar, y luego —y para concluir bien el proceso— asimilando lo vivido de manera que te facilite la vida en un futuro. Saber abandonar las relaciones que te empobrecen hace que no pongas en riesgo tu porvenir. No mereces, por ningún motivo, vivir una vida de pobreza emocional.

Pero así como las malas relaciones deben terminarse, las buenas están para gozarlas. Pocas cosas estimulan tanto el crecimiento y favorecen el bienestar como una relación de pareja constructiva. Quizá no tengas claro el modelo de relación que puedes construir, pero sí sabes que quieres construirlo con la persona con la que te encuentras. Trabajar en un nuevo proyecto en común es una tarea a compartir con tu pareja: quizá crear un modelo menos competitivo, con más cooperación, menos sexista y más equitativo, menos desgastante y más gozoso… Muchos antes que tú lo han intentado y lo están logrando.

La indecisión debilita; evita caer en sus redes. Tener un objetivo te fortalece. Esto no significa que no te concedas algunos meses, si los necesitas, para afianzar y asimilar la decisión tomada: ten la certeza de que, tras haber elegido, darte un tiempo suficiente para digerir e incorporar tu elección te dará la información necesaria para verificarla, así como la fuerza para llevarla a cabo.

Basta una pequeña diferencia en tu vida para dar inicio a un proceso de transformación. Comprometerte con una postura concreta durante un tiempo determinado y entregarte a ella de manera contundente te dará retroalimentación sobre el rumbo que debes mantener o el cambio que has de implementar.

De ahora en adelante te corresponde hacer uso de toda la información recibida para diseñar tu futuro. Recuerda, por favor, que los verdaderos cambios no se dan en un suceso: son un proceso, de ahí la importancia de sostener en el tiempo las acciones concretas que te permitirán arribar a tu elección final.

Si tu camino comienza a hacerse particularmente penoso, trabaja en ello. Quien necesita de manera desproporcionada el amor de otro o la aceptación de los demás, prefiere padecer una relación mediocre antes que transformarla o afrontar su soledad. Una necesidad afectiva exagerada impide aceptar las necesidades de cambio que se requieren, cualesquiera que sean, para construir una vida mejor.

Nada de lo que vives es un fracaso personal; por el contrario, las crisis son posibilidades para aprender, y aprender es una puerta segura al crecimiento. Nosotros estamos convencidos de que la vida tiene mucho que ofrecerte si afrontas tu conflictividad de pareja y con ello encuentras las claves que la explican, aprendes de ellas y te preparas para una gestión más constructiva de la situación.

Hay personas que por no arriesgar nada evitando a toda costa cometer errores se quedan paralizadas en el territorio del amor. Al no intentar ningún cambio en su vida de pareja, se instalan desafortunadamente en una vivencia de frustración calmada pero sostenida. Por el contrario, cualquier acción pensada en relación con la vida de pareja, aun con la posibilidad de incurrir en errores inevitables, favorece la experiencia psicológica más productiva del ser humano: el aprendizaje.

Nos atrevemos a afirmar que si bien el amor produce satisfacción, y buena parte de la felicidad humana depende de las relaciones de pareja armoniosas, el primer propósito de la vida en común no es llenarnos de felicidad, sino de oportunidades diversas de crecimiento.

¿Acaso no es inevitable sufrir cuando queremos a alguien y ese alguien no nos quiere como queremos que lo haga? ¿O sufrir porque nos dejan de querer? ¿Incluso sufrir porque no podemos corresponder a quien nos quiere? Aun así, el miedo a sufrir nunca es una buena disculpa para detener decisiones que deban ser tomadas. Además, el sufrimiento inevitable curte nuestro carácter, las experiencias afectivas —por penosas que sean— enriquecen nuestra persona, y la oportuna gestión de las crisis de pareja nos abre la puerta a una vida mejor.

Será importante que de vez en cuando te vuelvas a introducir en las páginas de este texto que te resultaron más significativas con el fin de no perder el rumbo en el día a día. Muchas de las situaciones que estás a punto de atravesar las has anticipado y preparado, pero sin duda aparecerán algunos retos que no tenías previsto afrontar. Sobra decir que también los imprevistos son esperados: la vida en general y las relaciones humanas en particular, son mucho más complejas e inagotables que nuestros deseos y nuestra imaginación.

Pocas situaciones invitan tanto a la madurez personal como saber llevar las relaciones amorosas, y es probable que ya empieces, tras la lectura de este texto, a entender desde tu propia experiencia esta afirmación. Ahora te encuentras ante esta oportunidad de cambio y crecimiento; de ti depende aprovechar el reto de la mejor manera posible. Las bases ya las tienes. Caminar por el sendero elegido depende de ti.

Una relación no puede terminarse por cualquier cosa, pero tampoco puede sostenerse a cualquier precio.

NOTA AL LECTOR

Si elegiste este libro seguramente estás atravesando un periodo de crisis debido a tu indefinición sobre terminar o continuar tu relación de pareja. Esperamos que el contenido del mismo te haya resultado novedoso y sobre todo de utilidad.

Nos quedaríamos suficientemente satisfechos si hubieras logrado alguno de estos objetivos:

- Comprender que actualmente la vida amorosa se halla en plena transformación y que la crisis de pareja que vives tiene que ver con tu historia personal y también con una nueva manera de concebir y vivir el amor en el siglo XXI.
- Distinguir el origen de tus malestares amorosos así como los prejuicios, las creencias y las dinámicas relacionales que te han impedido tomar decisiones en cuanto a tu situación.
- Reconocer tus deseos y necesidades y la posibilidad de satisfacerlas dentro de tu actual relación.
- Evaluar tu situación de pareja concreta para ponderar la posibilidad de trabajar en ella o dejarla.

- Detectar si tu situación de pareja atraviesa situaciones de riesgo que requieran de una gestión particular para salvaguardar tu integridad y la de tu pareja.
- Tomar una decisión explorando las diversas opciones que puedes elegir.
- Reconocer las capacidades, destrezas y recursos con que cuentas para conducirte oportunamente en la línea que hayas decidido.
- Reconocer si requieres ayuda de un especialista para continuar el proceso.

Si para avanzar en tu camino requieres más apoyo del que te has dado a ti mismo mediante la lectura de este libro...

¡Contáctanos en nuestra página de **internet!**

LA MONTAÑA Psicoterapia S1NGULAR
www.psicoterapialamontana.com

Adhiérete también a CONCEPTO S1NGULAR
www.s1ngular.com

Y súmate a nuestros proyectos: revistas, libros, talleres, vídeos, programas de radio, encuentros sociales y culturales.

REFERENCIAS BIBLIOGRÁFICAS

Ahrons, Constance, *The Good Divorce*, William Morrow Paperbacks, Nueva York, 1994.

Álvarez-Gayou, Juan Luis y Millán, Paulina, *Te celo porque te quiero*, Grijalbo, Ciudad de México, 2010.

Bauman, Zygmunt, *Amor líquido. Acerca de la fragilidad de los vínculos humanos*, Fondo de Cultura Económica, Ciudad de México, 2007.

Boff, Leonardo, *El águila y la gallina. Una metáfora de la condición humana*, Trotta, Madrid, 2006.

Bolinches, Antoni, *Amor a segundo intento. Aprende a amar mejor*, Grijalbo, Ciudad de México, 2007.

—, *Peter Pan puede crecer. El viaje del hombre hacia su madurez*, Grijalbo, Ciudad de México, 2011.

—, *Sexo sabio. Cómo mantener el interés sexual en la pareja estable*, Debolsillo, Ciudad de México, 2010.

Carter, Betty y Peters, Joan K., *Love, Honor and Negotiate*, Pocket Books, Nueva York, 1996.

Castañeda, Marina, *El machismo invisible. Regresa*, Taurus, Ciudad de México, 2007.

Castilla del Pino, Carlos, *Teoría de los sentimientos*, Tusquets, Barcelona, 2000.

Coria, Clara, *El dinero y la pareja*, Paidós, Barcelona, 1991.

—, *El sexo oculto del dinero. Formas de la dependencia femenina*, Paidós, Buenos Aires, 2008.

Díaz, Tere y Manrique, Rafael, *Celos. ¿Amar o poseer?*, Trillas, Ciudad de México, 2012.

— y Turrent, Manuel, *Volver a empezar. Cómo salir bien librado de un rompimiento amoroso*, Grupo Editorial Norma, Ciudad de México, 2011.

— y —, *29 claves para encontrar pareja. Una guía para cerrar relaciones pasadas y elegir un buen amor*, Grijalbo, Ciudad de México, 2013.

Gold, Lois, *The Healthy Divorce*, Sphinx Publishing, Nueva York, 2009.

Gottman, John M. y Silver, Nan, *Siete reglas de oro para vivir en pareja. Un estudio exhaustivo sobre las relaciones y la convivencia*, Debolsillo, Ciudad de México, 2004.

Gottman, John M. y De Claire, Joan, *The Relationship Cure. A 5 Step Guide to Strengthening your Marriage, Family, and Friends*, Three Rivers Press, Nueva York, 2001.

Hirigoye, Marie France, *Las nuevas soledades*, Paidós, Barcelona, 2007.

J. Reed, Milinda, *The Everything Guide to Divorce*, Adams Media, Massachusetts, 2003.

Kirshendaum, Mira, *Too Good to Leave, Too Bad to Stay*, Plume, Nueva York, 1996.

Levy, Norberto, *La sabiduría de las emociones*, Debolsillo, Ciudad de México, 2003.

Manrique, Rafael, *Conyugal y extraconyugal. Nuevas geografías amorosas*, Fundamentos, Madrid, 2001.

—, *¿Me amas? Todos los consejos que necesitas sobre el amor*, Pax, Ciudad de México, 2008.

—, *Sexo, erotismo y amor. Complejidad y libertad en la relación amorosa*, Libertarias, Madrid, 1996.

Marina, José Antonio, *Anatomía del miedo. Un tratado sobre la valentía*, Anagrama, Barcelona, 2006.

Nardone, Giorgio, *Corrígeme si me equivoco*, Herder, Barcelona, 2006.

Papp, Peggy, *Couples on the Fault Line*, Guilford Press, Nueva York, 2000.

Pasini, Willy, *Los nuevos comportamientos amorosos. La pareja y las transgresiones sexuales*, Ares y Mares, Barcelona, 2005.

Pease Gadoua, Susan, *Contemplating Divorce*, New Harbinger Publications, Inc., Oakland, 2008.

Perel, Esther, *Inteligencia erótica. Claves para mantener la pasión en la pareja*, Diana, Ciudad de México, 2007.

Riso Walter, *Amar o depender*, Grupo Editorial Norma, Ciudad de México, 2009.

—, *Amores altamente peligrosos*, Grupo Editorial Norma, Ciudad de México, 2011.

—, *Deshojando margaritas*, Grupo Editorial Norma, Ciudad de México, 2010.

Salinas, Silvia, *Todo (no) terminó. Del dolor al amor*, Océano, Ciudad de México, 2011.

Sigala, Maya y Romero, Alberto, *Divorcio sano. Una despedida en paz*, Urano, Ciudad de México, 2011.

Sinay, Sergio, *Las condiciones del buen amor*, Del Nuevo Extremo Editores, Barcelona, 2004.

—, *El hombre divorciado*, Del Nuevo Extremo Editores, Barcelona, 2009.

—, *Esta noche no, querida*, Océano, Ciudad de México, 2003.

—, *La masculinidad tóxica*, Ediciones B, Buenos Aires, 2006.

Vaughan, Diane, *Uncoupling. Turning points in intimate relationships*, Vintage Books, Nueva York, 1990.

Vicencio, Javier, *Mapas del amor y la terapia de pareja*, Pax, Ciudad de México, 2012.

Viscott, David, *El lenguaje de los sentimientos*, Emecé, Buenos Aires, 1978.

Wachtel, Ellen, *We love each other but...*, St. Martin's Griffin Press, Nueva York, 1999.

Wallerstein, Judith S. y Kelly, Joan B. , *Surviving the Breakup*, Basic Books, Nueva York, 2012.

— y Blakeslee, Sandra, *Second Chances*, Houghton Mifflin Company, Boston, 1989.

Willy, Jürg, *Psicología del amor. El crecimiento personal en la relación de pareja*, Herder, Barcelona, 2004.

White, Michael, *Maps of Narrative Practice*, Norton, Nueva York, 2007.

Zumaya, Mario, *La infidelidad. Ese visitante frecuente*, Libros para Todos, Ciudad de México, 2006.

AGRADECIMIENTOS

Este libro nació gracias a muchas personas que nos inspiraron y que nos apoyaron mientras lo escribíamos.

De manera particular quisiéramos agradecer a Fernanda Álvarez, de Penguin Random House, quien se interesó en el tema y nos abrió las puertas para hacer realidad este proyecto. Junto a Fernanda, la aventura de escribir se ha convertido en una vocación gozosa y en una amistad.

Agradecemos a muchos amigos y amigas con quienes compartimos y debatimos la posibilidad de mantener o terminar una relación amorosa. A maestros y colegas de quienes hemos aprendido tanto y con quienes hemos ido y venido construyendo la complejidad y la paradoja de la vida amorosa.

A profesionales, investigadores, filósofos, terapeutas, sociólogos, educadores, médicos (hombres y mujeres), cuyos encuentros, así como la lectura y estudio de sus publicaciones y su práctica, nos han permitido reflexionar sobre la vida de pareja desde perspectivas serias, estimulantes y diversas.

A pacientes, alumnos y participantes de nuestros talleres... que nos han otorgado el privilegio de acompañarlos a atravesar sus propios dilemas de amor y de quienes hemos aprendido nuevos caminos para salir del atolladero.

A nuestros hijos, adultos jóvenes, que en sus ya no pocos años de vida, han probado la dulzura y la vulnerabilidad de estar enamorados, de cuestionar su relación, de tener que terminar —en algunos casos— o de trabajar por permanecer —en muchos otros—, haciendo siempre un trabajo de concienciación importante antes de tomar sus decisiones.

A nuestras anteriores parejas, que con sus momentos de gozo y sus desencantos nos han permitido afrontar mejor este recorrido.

Y a nuestro amor presente, que siempre está en juego en cada uno de los pasos del día a día, y que es la piedra fundamental de la integridad que siempre ponemos en nuestra forma de vida y en nuestro trabajo profesional.

ÍNDICE